Kircor ZOHRAB

AVOCAT

De l'empêchement, en Droit ottoman, de recevoir par succession pour cause de divergence de nationalité

(Ihtilafi dar)

PARIS

LIBRAIRIE GÉNÉRALE DE DROIT ET DE JURISPRUDENCE

Ancienne Librairie Chevalier-Marescq et Cie et ancienne Librairie F. Pichon réunies

F. PICHON et DURAND-AUZIAS, ADMINISTRATEURS

Librairie du Conseil d'Etat et de la Société de Législation comparée

20, rue Soufflot (5e arrondissement)

1908

De l'empêchement, en Droit ottoman, de recevoir par succession pour cause de divergence de nationalité

(Ihtilafi dar)

Kircor ZOHRAB

AVOCAT

De l'empêchement, en Droit ottoman, de recevoir par succession pour cause de divergence de nationalité

(Ihtilafi dar)

PARIS

LIBRAIRIE GÉNÉRALE DE DROIT ET DE JURISPRUDENCE
Ancienne Librairie Chevalier-Marescq et Cⁱᵉ et ancienne Librairie F. Pichon réunies
F. PICHON et DURAND-AUZIAS, administrateurs
Librairie du Conseil d'Etat et de la Société de Législation comparée
20, rue Soufflot (5ᵉ arrondissement)

1908

AVANT-PROPOS

Cette étude emprunte principalement son intérêt à ce qu'elle montre dans quel esprit d'équité et d'indépendance les jurisconsultes musulmans ont, dans les siècles passés, abordé les questions de droit en général, et comment ils ont su s'élever, même en matière de droit international privé, au-dessus des contingences politiques, pour ne rechercher que les solutions de stricte justice, donnant ainsi à entendre, bien avant que cette vérité fût formulée en Europe, que la meilleure politique est encore celle de la meilleure justice. On ne peut s'empêcher de rendre hommage à de tels efforts.

La théorie de l'ihtilafidar que nous exposons dans cet ouvrage servira à donner une idée de leur concept juridique, empreint toujours de la plus rigoureuse logique. Elle contribuera ainsi à attirer l'attention des juristes européens sur le monument impérissable qui s'appelle le Droit musulman.

CHAPITRE PREMIER

I

Objet

Les empêchements, *mani*, de recueillir par succession, en droit ottoman, sont au nombre de quatre : 1° l'état d'esclavage, *rik* ; 2° l'assassinat *katl* ; 3° la divergence de religion, entre le *de cujus* et l'héritier, *ihtilafi dine* ; 4° la divergence de pays, c'est-à-dire de nationalité, entre le *de cujus* et l'héritier, *ihtilafi daréïn* ou *ihtilafi dur*.

Il existe cependant deux autres cas où l'on ne peut non plus recueillir par succession : 1° lorsqu'il existe des doutes sur la date du décès. Exemple : deux personnes, pouvant hériter l'une de l'autre, le père et le fils, succombent au cours d'un même accident, naufrage, incendie, guerre.

Dans ce cas, la loi n'admet pas, en l'absence de preuves certaines, que le prédécès de l'un ou de l'autre puisse être établi par une présomption légale ou autre ; 2° lorsqu'il existe des doutes sur l'identité de l'héritier. Exemple : une femme allaite, en même temps que son propre enfant, un autre enfant. A son décès, on ne parvient pas à savoir lequel de ces deux enfants est le sien. Les deux enfants sont également exclus de la succession s'il y a contestation.

Cette étude se bornera à l'empêchement de recueillir par succession pour cause de divergence de nationalité.

Le nombre des étrangers qui se trouvent en rapports de parenté avec des sujets de l'Empire est assez important.

D'autre part, la loi du 7 séfer 1284 accorde, aux étrangers qui appartiennent aux Etats ayant accepté cette loi, le droit d'acquérir et de posséder des immeubles dans l'Empire ottoman. Les étrangers qui ont usé de ce droit sont nombreux. Or, la loi de séfer les place, quand à l'exercice de leur droit de propriété, sous le régime du droit ottoman.

Les règles successorales en général et l'empêchement de recueillir par succession pour divergence de nationalité en particulier sont du plus haut intérêt pratique.

II

Quelques notions sur le droit ottoman

Le droit ottoman a deux sources bien distinctes. La première est le Chériat, *ahkiami chérïyé*, c'est-à-dire le droit musulman tel qu'il est enseigné dans la doctrine, *mezhèb*, hanéfite (1) puisée aux pures sources du Coran.

Le *Fétwahanéï Ali* a pour mission de fournir, d'après les meilleurs auteurs, les solutions sur toutes les matières. Ces solutions s'appellent des *Fétwas*, d'où le nom de ce département, l'un des plus importants, sinon le plus important, de l'Empire ottoman.

Le Chériat a dominé pendant des siècles toutes les branches de l'administration et des affaires privées, réglant aussi bien les actes de l'individu que ceux de l'Etat.

La seconde source est couramment dénommée

____

(1) Dans beaucoup de villes de la Syrie et de l'Arabie, où les habitants suivent la doctrine chaféïte, on rend aussi la justice en conformité de cette doctrine.

la loi, *kanoun*. La matière des lois, *ahkiami kanouniyé*, est formée par les lois promulguées par le Sultan en vertu de son pouvoir législatif. Ce pouvoir, selon le Chériat, constitue l'un des attributs de sa souveraineté, de son autorité générale, *vélayéti ammé*, pour employer les termes dont se servent les juristes musulmans.

Toute loi doit, suivant la définition de ces mêmes juristes, réunir les deux conditions suivantes : sauvegarder les principes fondamentaux du Chériat et être conforme à l'intérêt général *maslahati amméyé mouafik*.

Sauf cette double réserve, aucune forme n'est prévue pour l'élaboration de la loi. Dans les temps anciens, c'était le Chéik-ul-Islam qui les préparait et les soumettait à la sanction souveraine La conformité de ces lois aux principes du Chériat se trouvait par là même sauvegardée. Mais depuis 60 ans, d'autres règles ont été établies à ce sujet, répondant aux attributions des divers rouages administratifs empruntés à l'Occident. Un Conseil d'Etat et un Conseil des ministres ayant été créés, l'élaboration des lois leur fut confiée pour être soumise à la sanction souveraine, *iradéi séniyé*. Le Chéik ul Islam siège au Conseil des ministres.

Ces règles n'ont rien d'immuable. Certaines lois sont élaborées par des commissions de juristes spécialement instituées et soumises ensuite à la sanction souveraine par le Conseil des ministres. C'est le cas pour le Code des lois civiles, *Médjelléi ahkiami adliyé.*

Il y a lieu de faire remarquer que les lois promulguées sur la proposition du Chéik-ul-Islam, comme l'*Erazi kanounnamessi*, ou ayant l'approbation du Fétwahanéi Ali, comme le *Médjelléi ahkiami adliyé*, sont seules en vigueur devant les tribunaux du Chéri.

Les tribunaux civils et les autres tribunaux *nizamiyés* observent sans distinction toutes les lois promulguées par Iradé Impérial.

Le pouvoir exécutif (Ministère, Conseil d'Etat, Conseil des Ministres), a été aussi amené par l'expédition même des affaires à prendre part à l'œuvre législative en donnant, soit des instructions par voie d'interprétation, soit des solutions des litiges particuliers par voie de contentieux.

Ces instructions et ces solutions sont revêtues de l'approbation du Grand Vézir, *iradéi aliyé* lorsqu'elles traitent de sujets d'une certaine importance. Quelques-unes de ces instructions sont même insérées dans le Recueil des lois, *Dustour.* Elles ne lient point les tribunaux du Chéri et ne sont prises en considération que dans une certaine mesure par les autres tribunaux.

Comme on le voit, l'autorité du Chériat et celle

de la loi sont bien distinctes. Encore qu'elles soient censées ne pas se confondre, des heurts et des conflits n'ont pas manqué de se produire. En résumé, on peut dire que le Chériat forme le droit commun et la loi l'exception. Mais l'exception a envahi bien vite le domaine du Chériat. Elle lui a enlevé successivement le droit administratif, le droit pénal, le droit commercial, pour ne citer que les plus importants.

Mais la matière de succession est du ressort exclusif du Chériat. Pourtant, même dans cette matière, des empiètements entrepris au nom de la loi se produisent précisément à l'occasion de l'empêchement qui fait l'objet de cette étude.

Dans l'Empire ottoman, c'est l'Etat qui délivre les titres de propriété immobilière par l'entremise d'un département *ad hoc* qui s'appelle l'Administration du cadastre, *Défléri hakani nézareti.*

Dans les successions immobilières, ce département est appelé à examiner les certificats et quelquefois les jugements qui désignent les héritiers et à donner son avis sur les objections que les intéressés soulèvent à leur égard. Il arrive aussi qu'il s'oppose, d'office, à une transmission successorale, la jugeant contraire au Chériat, aux lois ou « aux usages admis ». Ses décisions relèvent du Conseil d'Etat et du Conseil des ministres.

Ainsi, et bien qu'en droit strict les tribunaux du Chéri soient seuls compétents pour se prononcer sur la qualité d'héritier, une jurisprudence administrative s'est constituée, à côté de celle de ces tribunaux et, la plupart du temps, en opposition avec elle.

Cette juridiction s'inspire plus encore de motifs d'opportunité et de considérations politiques que de motifs d'ordre judiciaire. Par cela même elle présente le grave inconvénient de varier et de se contredire sans cesse.

III

La succession « Irce » et la mutation « Intical »

L'ensemble des règles qui régissent la succession, forme la partie du droit musulman qui s'appelle le *féraïz*. Les meubles, les immeubles *moukataali* qui leur sont assimilés, *mulk heukmi djéréyan idén*, en dépendent.

Les autres catégories d'immeubles, c'est à dire les terres *émiriyés* et *mévkoufés*, les immeubles *wakfs* à double redevance, urbains ou ruraux, ne peuvent pas être possédés par droit de propriété absolue. Leur détenteur n'est qu'une sorte d'usufruitier. Son droit, suivant les prescriptions du Chériat, s'éteint par son décès et la propriété revient alors au *Béit ul mal* pour les terres, à l'institution du *wakf* pour les immeubles *wakfs*.

Les immeubles de ces catégories ne sont donc pas considérés comme faisant partie de la succession. Pourtant, en présence des graves inconvénients résultant de cette possession précaire, le Souverain a, dans l'intérêt général, promulgué différentes lois pour la transmission de ces biens aux héritiers d'un certain ordre et d'un certain degré et pour l'étendre ensuite aux degrés plus éloignés, *tévsii*. Mais ici l'ordre, le degré, le partage sont totalement différents de ceux que prescrit le *féraïz* pour les successions.

On a donné à cette transmission, toute de faveur, le nom de mutation, *intical*. Elle relève ainsi exclusivement de la loi. On dit qu'elle s'opère communément, *adién*, pour la distinguer de la transmission qui s'opère par succession *ircén*.

En matière immobilière et suivant la catégorie à laquelle appartient l'immeuble, le partage a lieu suivant les règles du *féraïz* ou celles de la loi sur l'extension du droit de mutation. S'il y a plusieurs immeubles appartenant à l'une et à l'autre catégorie, par exemple, l'orsqu'il y a un immeuble *sirf mulk* et un immeuble *wakf* à double redevance, la dévolution du *mulk* se fait selon le *féraïz* et celle du *wakf* d'après la loi sur l'extension du droit de mutation, *tevsii intical kanouni.*

IV

Historique

L'empêchement de recueillir par succession entre deux personnes de nationalité différente est un vestige de l'ancienne règle de droit, suivant laquelle aucune relation juridique ne pouvait exister entre des personnes de cette catégorie dans tous les temps et dans tous les pays. En droit romain, l'étranger s'appelait *hostis*, l'ennemi. En droit musulman, il s'appelle *harbi* qui signifie également l'ennemi. Cette analogie entre la qualité d'étranger en droit romain et en droit musulman a été relevée par Jahring, le savant auteur de l'*Esprit du droit romain* (vol. 1er, p. 226 et 227).

En droit musulman, l'état de guerre dans les rapports entre les nations était l'état normal. La paix ou plutôt la trève, *mouvadaa,* constituait l'exception. (*Siar,* cité par Ostrorog. *El ahkiam es soultanié,* vol. 2, p. 81). Or, rien ne doit être respecté chez l'ennemi, chez l'homme avec lequel on est en guerre. Ses biens sont de bonne prise *moubah,* considérés comme n'ayant pas de propriétaire et qu'on peut légitimement acquérir par seule main-mise, *istila.*

Son sang peut être légitimement versé *istihlali dém.* Les auteurs musulmans considèrent, en un mot, l'étranger comme mort, *méït heukmundé* (*Durer ; Multéka*).

Dans presque tous les Etats de l'Europe, ces mêmes idées trouvaient une application dans le droit d'aubaine. L'Allemagne fut la première à l'abolir. En France, il fut supprimé par l'Assemblée constituante.

Elles ne pouvaient survivre à la présomption que sous tout étranger se cachait un ennemi. Le droit des gens moderne ne pouvait laisser se perpétuer une pareille conception.

Il convient cependant de remarquer que le droit d'aubaine prive l'héritier étranger au profit de l'État qui exerce ce droit. Rien de pareil dans l'empêchement à la succession qu'édicte le droit musulman. L'État ottoman n'en retire aucun profit. L'héritier empêché est censé ne pas exister au moment de l'ouverture de la succession et ce sont les autres héritiers qui bénéficient en son lieu et place.

Nous allons voir d'ailleurs que cet empêchement est une conséquence juridique découlant des motifs mêmes sur lesquels se fonde le droit de succession.

Il ne faut pas s'étonner, dès lors, qu'il continue de subsister dans l'Empire ottoman. Le droit musulman a apporté néanmoins des adoucissements à l'habitude séculaire de voir un ennemi dans tout étranger. Les docteurs musulmans ont consacré une exception en faveur de celui qui venait s'établir en pays musulman, généralement pour y commercer. En concluant l'*aman*, c'est-à-dire un pacte de ne rien tenter contre l'Islam, il obtenait toute sauvegarde pour sa personne et pour ses biens.

Mais en matière de succession, sa situation n'a pu s'améliorer.

CHAPITRE II

LA NATIONALITÉ SELON LE CHÉRIAT

Le Chériat reconnaît quatre conditions : 1° celle de citoyen, réservée aux seuls musulmans ; 2° celle de *zimmi* appartenant à tous les mécréants, *kiafir*, ayant accepté la domination de l'Islam ; 3° celle de *harbi*, de l'étranger n'ayant conclu aucun pacte avec l'Islam ; 4° celle de *mustémin*, de l'étranger ayant conclu un pacte.

Pour rendre cette énumération complète, nous aurions dû parler du *rik*, l'esclave. Mais il reste en dehors du sujet de cette étude.

I

Musulmans

En droit musulman, la religion est la base de l'État. Dans cette conception, la nationalité devait forcément se confondre avec la religion. Ceux-là seuls qui appartiennent à la religion musulmane possèdent la nationalité musulmane. A eux seuls peut être conféré l'exercice des fonctions publiques, relevant du droit politique, telles que celles de la justice, de l'administration et de la guerre.

Le Chériat, d'après la doctrine hanéfite, considère d'abord deux pays dans le monde entier ; le pays conquis par l'Islam, *dari Islam*, et le pays qui, ne l'étant pas, doit le devenir par conquête, le pays de guerre par conséquent, *dari harb*.

Dès lors, deux nationalités sur toute la terre : celle de l'Islam, englobant tous les pays islamiques sans tenir compte de leur constitution politique, d'une part, et, de l'autre, celle du *harbi*, englobant tous les pays non musulmans. Remarquons aussi que le mot *millét* (nation) et le mot *dine* (religion) sont synonymes dans la

langue du droit musulman et même ils présen-
tent le même sens lexicologique.

Une conséquence toute naturelle de ce principe, c'est que la qualité de musulman est la
seule base pour déterminer la nationalité.

Le gouvernement ottoman n'avait pas manqué de faire prévaloir cette disposition exceptionnelle de son droit public en stipulant dans
quelques-uns de ses traités que la religion de
l'Islam conférait la nationalité ottomane aux
étrangers qui embrassaient cette religion (Traité
avec l'Angleterre de 1675, article 61. Avec la
Sardaigne de 1821, article 11), et en revendiquant
ce droit à l'encontre même de l'État avec lequel
il n'avait aucune convention à cet égard (Arminjon, *Étrangers et protégés dans l'Empire ottoman*, pages 55 et suiv.).

La vraie nationalité n'est donc que cette
grande communauté islamique que les jurisconsultes énoncent par la formule, dont nous ver-
rons l'application plus loin : l'Islam est un motif
d'union, *Islamiyet djihéti djamià dir.*

Mais on reconnaît aussi l'existence des Etats,
dar, en tant que groupements et organisations
politiques indépendantes. Dans cette conception,
par *dar* il faut entendre tout pays qui a un territoire, *mulk*, et une armée, *asker*, distincts (Séidi
chérif sur *Séradjiyé*).

II

« Zimmi », sujets non musulmans

Dans les guerres entreprises contre les mécréants (1), les vaincus, en embrassant l'islamisme, obtinrent la nationalité musulmane et
devinrent en tout les égaux des musulmans.

A ceux qui préférèrent conserver leur religion,
il fut loisible, à la condition de s'obliger, *akdi
zimmet*, à payer la capitation, *djéziyé* (2), d'habiter

(1) Sont mécréants : 1° ceux qui appartiennent à une religion
autre que l'Islam, mais admettent la révélation, c'est-à-dire
les Chrétiens et les Israélites, *kitabi* ; 2° les idolâtres, *méd-
joussi* ; 3° les païens *résseni*. Toutes ces religions sont considérées comme n'en faisant qu'une seule. Quelques auteurs distinguent cependant les *kitabi* des autres.

(2) Le principal caractère de cet impôt est d'être personnel.
L'obligation de le payer prend fin par la mort ou par la conversion à l'Islam. Le *djéziyé* est de deux sortes. La première est
celle qui est fixée entre les musulmans et les mécréants à titre
transactionnel et de gré à gré, avant l'ouverture de toute hostilité. La seconde est celle que les musulmans victorieux impo-
sent aux vaincus conformément au Chériat. Celui qui possède
dix mille dirhéms d'argent et plus est tenu de payer 48 dirhéms
d'argent par an, à raison de 4 dirhéms par mois. Celui qui
possède de deux cents dirhéms jusqu'à dix mille dirhéms ne
paye que 24 dirhéms par an, à raison de 2 dirhéms par mois.
Enfin, celui qui possède moins de deux cents dirhéms ou n'en
possède pas du tout, mais exerce une profession rémunérée,
kisb, paye 12 dirhéms par an, à raison de 1 dirhém par mois.
La femme, le mineur, l'indigent, l'aveugle, le paralytique
sont exempts de la capitation.

la terre de l'Islam en qualité d'*éhli zimmet* ou *zimmi*, en obtenant toutes auvegarde, l'*ismet*, (1) pour leurs personnes et leurs biens, ce qui leur conférait la jouissance des droits civils à l'instar des musulmans, à moins qu'ils ne fussent déjà réduits à l'esclavage, *rik*, pendant la guerre même, les mécréants n'ayant le choix qu'entre ces deux conditions pour habiter la terre de l'Islam (*Durer*, traduction, page 184).

Les auteurs musulmans expriment l'égalité entre les *zimmi* et les musulmans dans la jouissance des droits civils en disant que dans les transactions, les *zimmis* sont égaux aux musulmans. *Mouamélatda éhli zimmet musliminé musavi dir* (*Durer*, traduction, page 316. *Médjmouayi énhar*).

En outre, l'exercice des *vélayéti-hassa* (2) à l'égard des personnes de leur communauté, leur est reconnu et réservé. Les musulmans ne peuvent y prétendre (*Zahiré*, cité dans *Fétawaï Ali effendi*, page 50).

Une égalité aussi largement octroyée est tout à l'honneur du droit musulman. Elle témoigne de la hauteur de vues aussi bien que du sens politique qui y prédominent.

(1) Voir, pour ce mot, au chapitre IV.
(2) Voir, pour ce mot, au chapitre IV.

Le *zimmi* peut témoigner en justice pourvu que les deux parties en cause soient des *zimmi*.

La question de savoir s'il lui est permis d'acquérir dans la ville musulmane une maison d'habitation, est controversée. Kadikhan lui reconnaît ce droit.

Les quatre cas suivants : refus de payer la capitation, meurtre d'un musulman, adultère avec une femme musulmane, blasphème, entraînent la résiliation du contrat de *zimmet*. Les auteurs ne sont pas d'accord sur les conséquences de cette résiliation. Ce qui est certain, c'est que, seule, elle n'entraîne pas la peine de mort.

Mais le *zimmi* peut légitimement être mis à mort s'il passe à l'ennemi en temps de guerre et même en temps de paix. S'il parvient à se soustraire à cette pénalité, ses biens sont partagés entre ses héritiers. Il est réputé mort comme ceux auxquels il va s'unir. Les auteurs disent qu'il est confondu avec les personnes qui, pour cause de divergence de nationalité, sont considérées comme mortes. *Zimmi tébayunu dar hassébi ilé émvat hukmundé onlanlara karichmich olour.*

D'où la conséquence, fort importante, que l'acquisition d'une nationalité étrangère par un *zimmi* est rigoureusement défendue.

III

« Harbi », étrangers n'ayant aucun pacte avec l'Islam

Tout citoyen non musulman, appartenant à un Etat non musulman, est nécessairement un *harbi.* Ainsi un sujet britannique, chrétien ou israélite, est un *harbi*, alors qu'un sujet britannique musulman ne l'est pas.

Nous avons dit qu'il est assimilé aux personnes mortes. Il ne peut pas recevoir même par testament *(Djami el saghir)*.

En principe, il lui est défendu de s'établir en pays d'Islam, à moins qu'il ne veuille prendre la qualité de *zimmi,* sujet, ou de *rik*, esclave. *Harbié bizim darimizdé daimén ikamété rouhsat vérilmèz, illa istirkak ilé yahot djéziyé ilé (Durer).*

IV

« Mustémin », étranger ayant conclu un pacte

A l'étranger, qui exprime le désir de venir en pays d'Islam pour y faire le commerce en prenant l'engagement de ne tenter rien d'hostile contre les musulmans ou leurs biens, la permission de séjourner peut être accordée.

Son engagement s'appelle l'*aman*.

Est *mustémin* ou *mustémine*, suivant quelques auteurs, celui qui se fixe, en vertu de l'*aman*, dans un pays ou Etat, *dar*, autre que le sien. Il peut être aussi bien un musulman en pays étranger qu'un étranger en pays musulman.

La permission de séjourner en pays d'Islam confère à l'étranger, comme l'*akdi zimmét* au *zimmi*, la sauvegarde, l'*ismét*, pour sa personne et ses biens, en d'autres termes, la jouissance des droits naturels et civils. Il peut léguer à un musulman ainsi qu'à un *zimmi* et recevoir d'eux par testament (*Durer*; Rédjeb Hilmi, *Ahkiami véssaya*, page 24).

Cette permission ne lui confère aucun *vélayeti hassa*, soit à l'égard d'un *mustémin* d'une nationalité différente, soit à l'égard d'un *zimmi*, soit vis-à-vis d'un musulman. Mais il possède le *vélayeti hassa* à l'égard des *mustémin* de même nationalité que la sienne.

L'*aman*, en ce qui concerne les effets de la loi musulmane à l'égard du *mustémin* étranger en pays d'Islam, n'a pas d'effet rétroactif. Il n'y a pas par conséquent juridiction, *caza*, sur lui pour dette contractée ou usurpation commise en pays étranger avant qu'il eût conclu l'*aman* Le droit de juridiction s'appuie sur le *vélayet* et le juge musulman n'en avait pas sur lui au moment où la dette était contractée ou l'usurpation commise.

Le *mustémin* n'est soumis à aucun impôt pendant son séjour pour lequel un délai est toujours stipulé. Ce séjour ne peut être d'une très longue durée. On craint qu'il ne se livre à l'espionnage et n'aide l'ennemi au préjudice du pays qui l'a recueilli Ni d'une durée très courte, parce qu'elle ne convient pas aux exigences du commerce et l'*aman* est toujours envisagé dans ce but. Le délai moyen est d'un an.

Le Souverain peut cependant le prolonger au delà de ce terme. Dans les anciens traités du gouvernement ottoman, le délai accordé aux étrangers venant commercer dans l'Empire n'a jamais pu dépasser dix ans. Dans d'autres traités, aucun délai n'est assigné (Arminjon, *Etrangers et protégés dans l'Empire ottoman*).

Par le fait que le *mustémin* quitte le pays d'Islam, son pacte d'*aman* prend fin. Il redevient l'étranger en présomption d'hostilité avec toutes ses conséquences, telles que la bonne prise de ses biens. Néanmoins, ceux qu'il a laissés en pays d'Islam et ceux qu'il a acquis sous l'empire de l'*aman* continuent à jouir de la sauvegarde accordée précédemment.

Enfin, l'*aman* peut être accordé soit à une personne à titre privé, soit d'une façon collective, à tous les citoyens d'un Etat étranger (1).

V

Naturalisation

Nous ne parlerons que de la naturalisation de l'étranger. Il n'y a pas lieu d'envisager, nous l'avons déjà vu, le cas d'un *zimmi*, encore moins celui d'un musulman, se faisant naturaliser étranger.

La naturalisation est nécessairement de deux sortes. Celle qui confère la qualité de citoyen musulman s'obtient par la conversion à l'Islam. Celle qui confère la qualité de *zimmi* s'acquiert par l'offre volontaire du paiement de la capitation et par l'engagement de résider en pays d'Islam.

(1) L'Empire ottoman ayant accordé, par ses traités ou par ses lois, la permission aux étrangers de venir faire le commerce sur son territoire, ces étrangers sont devenus *mustémins*, peu importe qu'ils viennent en Turquie ou résident dans leur pays. Même les sujets d'un Etat avec lequel l'Empire ottoman se trouve en état de guerre, sont sous la sauvegarde du droit des gens qu'observe l'Empire ottoman. Il n'y a plus de *harbis* ni de *mustémins*. Il n'y a que des sujets étrangers.

Le mariage n'influe pas sur la nationalité.

Une *zimmiyé*, en épousant un *mustémin* ou un musulman, ne cesse pas de conserver sa qualité de *zimmiyé*. Pas plus que la femme *mustémin* ne perd cette qualité en contractant mariage avec un *zimmi* ou un musulman. Quelques auteurs enseignent cependant que la femme *mustémin* devient *zimmiyé* en épousant un *zimmi*.

L'enfant mineur résidant dans le pays d'origine de l'étranger ayant obtenu la qualité de *zimmi*, ne suit pas la condition de son père. Il n'en est pas de même pour l'enfant mineur qui accompagne son père en terre d'Islam.

En principe, l'enfant suit la condition de son père à raison du *vélayét* de celui ci. Mais cette règle fléchit devant l'intérêt de l'enfant. Il suit donc la condition de sa mère toutes les fois que cette condition est meilleure. C'est le cas lorsque la mère est *zimmiyé*, alors que le père est étranger *mustémin* (*Seïr el kébir* ; *Behdjé*, p. 163). Même solution lorsque la femme est musulmane et le père apostat. Toujours en vertu du même principe, lorsque la mère est noble *séyidé* et que le père ne l'est pas, l'enfant devient noble, *seïd* (*Medjma él fétawi*, cité par *Behdjé*, page 113) (1).

(1) Dans l'ancien droit français, l'enfant suivait la condition

Le gouvernement ottoman mettait de tout temps cette règle en pratique, ce qui ne manquait pas de donner naissance à des conflits interminables, puisque l'état étranger auquel appartenait le père réclamait, de son côté, l'enfant (Rey, cité par Arminjon).

Il est enseigné que l'achat par un *mustémin* d'un terrain en pays de l'Islam, sans paiement de l'impôt foncier, *haradj*, ne le rend pas *zimmi*. Il ne faut pas conclure par là qu'il jouissait du droit d'acquérir des terres. Il arrivait parfois qu'il achetait des terres et les payait, malgré que le Chériat lui défendit de faire une acquisition immobilière. La propriété lui était dévolue par l'effet de la vente et, dans ce cas, on l'obligeait à s'en défaire, en la revendant à une personne apte à l'acquérir, soit un musulman, soit un *zimmi* suivant le lieu.

de sa mère. Ainsi, si le père était roturier et la mère noble, l'enfant naissait noble On l'annonçait par la fameuse formule « le ventre ennoblit ». Plus tard, l'enfant suivit la condition de son père et la formule devint « la verge ennoblit ».

CHAPITRE III

LA NATIONALITÉ SUIVANT LA LOI

I

Historique

C'est par le *Hatti Humayoun* de Gul-hâné, en 1255, que le gouvernement ottoman plaça, pour la première fois, les musulmans et les *zimmi* sous la dénomination commune de *tébaà*, sujet.

Le Firman de 1277 maintint cette dénomination et accorda l'égalité politique à tous les sujets de l'Empire, sans distinction de race ou de religion. Il rendit accessible aux non musulmans les fonctions publiques établies en vertu des lois *kanoun*. Le service militaire, seul, resta réservé aux musulmans. Ce Firman prescrit la suppression dans tous les écrits officiels de toute expression rappelant l'infériorité, pour cause de religion ou de race, d'une catégorie de citoyens vis-à-vis d'une autre.

La loi sur la nationalité ottomane, *tabiiéti osmanié kanouni*, (Dustour, vol. I, p. 16) a été promulguée en 1285. Elle ne parle que des sujets ottomans, sans distinction de musulmans et de *zimmi*. Sont également supprimés les expressions de *harbi* et de *mustémin*. Il ne reste que des étrangers, *édgnébis*.

Cette loi s'inspire des principes du droit français et se trouve éclairée par les instructions grand vézirielles du 24 zilhidjé 1285.

II

Sujétion « Tabiiét »

Nous nous bornerons à esquisser brièvement ses traits principaux et ses points de rencontre avec les prescriptions du Chériat.

La nationalité ou la sujétion ottomane se fonde sur la filiation. L'enfant est ottoman si ses père et mère, *validéin*, ou seulement son père, sont ottomans. Sauf toutefois les enfants, nés d'une femme ottomane et d'un père persan, qui sont ottomans. (Firman de 1237, article 3 du règlement du 25 Chaban 1291 ; Dustour. vol. IV, p. 614 ; Circulaire grand vézirielle du 12 mouhar-

rem 1291). Il y a lieu cependant de se demander
si cette disposition s'applique aussi aux non-
musulmans.

A défaut de la filiation, la nationalité est déterminée d'après le lieu de naissance. L'enfant né
dans l'Empire ottoman de père et mère étrangers peut revendiquer la sujétion ottomane dans
un délai de trois ans à partir de sa majorité
(article 2).

III

Naturalisation ottomane

L'étranger peut se faire naturaliser sujet ottoman après un séjour assez long dans l'Empire
ottoman, cinq ans (art. 3), contrairement au Chériat qui l'accorde sur le champ. Cependant la loi
reconnaît aussi la naturalisation immédiate à
titre de faveur exceptionnelle (art. 4). Elle s'exerce
particulièrement : 1° pour les étrangers embras
sant l'Islamisme dans l'Empire ottoman (lettre
grand vézirielle du 23 juin 1309), ce qui équivaut à l'abandon de la règle du Chériat considérant la conversion à l'Islamisme comme entraî-
nant *ipso facto* la naturalisation ; 2° pour les

émigrants en Turquie (Circulaire grand vézirielle du 1er rédjeb 1272). Ils doivent seulement
prêter serment de fidélité (Règlement du 1er Rédjeb 1287).

La capacité de l'étranger pour demander la
naturalisation ottomane est déterminée par sa
loi nationale. Sauf, suivant un auteur, en
mesure de connaître le point de vue du gouvernement ottoman, pour celui qui se convertit à
l'Islamisme. Dans ce seul cas sa capacité est
déterminée selon le Chériat, (Nazif Sourouri.
Commentaire de la loi sur la nationalité).
La loi est muette sur le cas de la femme d'origine
étrangère contractant mariage avec un sujet ottoman. Le tezkeré grand viziriel du 24 Zilhidjé
1285 et la jurisprudence ottomane ont toujours
proclamé qu'elle obtient par ce fait la nationalité
ottomane.

La naturalisation ottomane ne produit pas
d'effet rétroactif. Elle reste, en outre, strictement
personnelle. Par conséquent, ni la femme, ni
les enfants mineurs de l'étranger naturalisé
ottoman, ne le suivent dans sa nouvelle condition, excepté le converti à l'Islamisme dont les
enfants mineurs suivent la nouvelle condition
(Circulaire grand vézirielle du 23 juin 1309).

IV

Naturalisation étrangère d'un sujet ottoman

La loi admet aussi, contrairement aux prescriptions du Chériat, qu'un sujet ottoman puisse se faire naturaliser étranger, à la condition toutefois d'obtenir la permission du Souverain (article 5).

Si cette permission n'est pas obtenue, la naturalisation étrangère ne produit pas d'effet en Turquie. Le gouvernement ottoman peut, en outre, prononcer, contre le naturalisé étranger, la déchéance de sa nationalité ottomane et lui interdire le sol du territoire ottoman (article 6). Des sanctions sévères sont attachées à cette mesure. Ses biens meubles et ses immeubles *sirf mulks* sont attribués de son vivant à ses héritiers. Ses immeubles *wakf* et ses terres *émiriyés* et *mévkoufés* tombent en déshérence et font retour à l'institution du *wakf* ou à l'Etat. (Art. 2 de la loi du 24 février 1298. Dustour, Zéil, V. III, p. 96) (1).

La loi admet, contrairement au Chériat, que

(1) Voyez les dispositions édictées à cet égard par le Chériat, p. 19.

la femme ottomane, à la suite de son mariage
avec un étranger, devienne étrangère (article 7),
sauf le cas où le mari est de nationalité persane
(Règlement et Circulaire grand vézirielle préci-
tés). Elle lui accorde la faculté de revenir, dans
un délai de trois ans, à partir du décès de son
époux, à sa nationalité d'origine. Le divorce,
quoique non expressément indiqué, doit être
assimilé au décès, comme mettant fin au lien con-
jugal.

Examinons maintenant quelques cas particuliers.

V

Femme d'origine étrangère mariée avec un sujet ottoman

Quelques tribunaux français ont rendu des
jugements déclarant que la femme d'origine
étrangère ayant contracté mariage avec un sujet
ottoman conservait sa nationalité d'origine.
Cette jurisprudence s'est prévalue du silence de
la loi. Elle avait aussi, selon nous, l'appui du
droit antérieur. On l'a combattue par des motifs
qui ne nous semblent pas décisifs. On a trouvé
un secours inespéré dans l'article 55 du Règlement des consuls de Turquie. La vérité est que

la nationalité ottomane de la femme étrangère
ayant épousé un sujet ottoman est plus dans
l'esprit de la loi sur la nationalité qu'ailleurs.

VI

Enfant né sur le territoire ottoman de père et mère inconnus

Il est hors de doute que l'enfant né dans l'Empire ottoman de père et mère inconnus doit
être réputé sujet ottoman Ce n'est pas cependant,
comme le pensent quelques auteurs, en vertu de
l'article 9 de la loi sur la nationalité ottomane
disant que toute personne habitant le territoire
ottoman doit être considérée, jusqu'à preuve du
contraire, comme sujet ottoman. (Arminjon,
Etrangers et protégés dans l'Empire ottoman,
page 83).

De l'analyse des articles 1 et 2, il ressort que
le législateur, pour déterminer la nationalité,
s'attache à la filiation ; à son défaut, au lieu de
naissance. Pour l'enfant né de parents inconnus, le principe de la filiation ne peut recevoir
aucune application. Dès lors, c'est le lieu de
naissance qui fixe la nationalité. Le séjour de

l'enfant sur le territoire ottoman ou étranger est sans influence ici.

D'ailleurs l'article 9 n'est pas attributif de nationalité. C'est une présomption que l'on peut toujours combattre par la preuve contraire. Or, la nationalité de l'enfant né en Turquie de père et mère inconnus, est définitive.

Lé Chériat s'inspire du même principe pour régler la condition de l'enfant trouvé, avec cette distinction qu'il considère le lieu de naissance comme présomption de la filiation. Ainsi l'enfant trouvé *loukit,* dans une ville ou un quartier habité exclusivement par des *zimmi* était présumé *zimmi.* Il était réputé musulman, s il était trouvé dans un quartier musulman.

VII

Enfant né en Turquie de père inconnu et de mère étrangère

Le savant auteur des *Etrangers et protégés dans l'Empire ottoman,* commet, à notre avis, une erreur en enseignant que l'enfant né en Turquie de père inconnu et de mère étrangère, doit être réputé ottoman. Il s'autorise toujours de l'article 9 pour pour recommander cette solution.

Voici comment il raisonne : L'article 1ᵉʳ de la loi sur la nationalité ottomane fait dépendre la nationalité de l'enfant de celle du père. Le père étant inconnu, on ne peut plus appliquer le principe de la filiation. D'autre part, toute personne sans nationalité connue se trouvant sur le territoire ottoman, est réputée ottomane. L'enfant, par conséquent, en vertu de cet article, doit être considéré comme ottoman.

Nous ferons remarquer qu'il n'est pas tout à fait exact de dire que l'article 1ᵉʳ fait dépendre la nationalité de l'enfant exclusivement de celle du père. Il parle des père et mère, *validéin* S'il a employé ce terme, c'est que la condition de la mère influe aussi, et c'est tout naturel, sur celle de l'enfant. Par cette mention, le législateur manifeste l'intention d'en tenir compte. Certes, elle ne peut pas tenir en échec la nationalité du père. Mais lorsque celui-ci est inconnu, il paraît conforme à l'intention du législateur de prendre en considération la condition de la mère.

Un autre argument à cet égard est que, en droit musulman, l'enfant né de père inconnu ou issu d'un mariage annulable, *fassid*, ou radicalement nul, *batil*, est attaché à sa mère par le lien de la filiation. C'est pourquoi il hérite d'elle. Ce que les jurisconsultes ottomans énoncent en disant *néssébi validessindén sabit oloub ana varice olour*. Cette solution est également conforme au droit byzantin. (Caravokyros, *Droit successoral en Turquie,* page 164).

Nous pensons donc que l'enfant sera de la nationalité de sa mère.

VIII

Capacité de la femme étrangère
pour contracter mariage avec un sujet ottoman

A l'occasion du mariage d'une française avec un musulman, sujet ottoman, le gouvernement ottoman a contesté le principe d'après lequel sa capacité pour contracter mariage devrait être déterminée suivant sa loi nationale. Voici comment se sont exprimés les conseillers légistes :

« Au cours d'un échange d'idées fait avec
« M. Ledoulx, drogman de l'Ambassade de
« France, nous lui avons fait savoir qu'au cas où
« le mariage contracté par Mlle X..., viendrait à
« être établi par devant le tribunal du Chéri,
« l'exception formulée au sujet de la nullité du
« mariage et sa réclamation tendant à la con-
« servation de sa nationalité d'origine, ne pour-
« raient pas être admises.

« Les objections que soulève l'Ambassade de
« France portent sur deux points. La première
« tend à soutenir, qu'au cas même où l'existence
« du mariage, selon la loi musulmane, vien-
« drait à être établie, ce mariage devrait être
« considéré comme nul et non avenu, parce que
« la mariée n'avait pas l'âge de la majorité requis
« suivant la loi française et que le consentement
« de ses parents lui avait fait défaut. La seconde
« objection se réfère à ce que l'existence du
« mariage soit au préalable établie devant la
« juridiction compétente c'est-à-dire celle du
« Chéri et que la juridiction correctionnelle en
« soit dessaisie.

« La première objection, soulevée par l'Am-
« bassade, ne nous a pas paru devoir être ac-
« cueillie, conformément à la règle adoptée par
« la Sublime Porte dans des cas analogues.
« Quant à la preuve du mariage, il est naturel
« qu'elle soit fournie, par devant le tribunal du
« Chéri. (Lettre du ministre de la Justice du 20
« août 1321, n° 338, au tribunal correctionnel de
« Péra).

Il est à peine besoin de relever que le point de
vue des conseillers légistes se trouve en contra-
diction formelle avec le principe du droit des
gens qui fait toujours dépendre la capacité de
la loi nationale.

CHAPITRE IV

FONDEMENT JURIDIQUE DE L'EMPÊCHEMENT
DE RECUEILLIR LA SUCCESSION POUR « IHTILAFI DAR »

I

Sa place dans le droit musulman

L'empêchement de recueillir par succession pour *ihtilafi dar* n'a pour lui que l'autorité du *kiass*, la dernière des quatre sources démonstratives du droit musulman, *édiléyi arbaa*, c'est-à-dire une autorité théoriquement faible. Ce qui donne à ce principe sa force, c'est qu'il a été adopté par la doctrine hanéfite, laquelle prédomine en Turquie.

Il est fort controversé pour ne pas dire tout à fait repoussé dans la doctrine chaféite (1) dont

(1) M. Nauphal attribue pourtant à l'illustre chef de cette école, l'idée d'admettre cet empêchement (*Cours de droit*

le chef fut le premier à exprimer cette idée, que le monde constitue un seul Etat pour toute l'humanité *dari vahid*.

Le poète turc s'en est inspiré dans ces vers :

> *Vatanim rouï zemine, milletim névi bécher*
> La terre est ma patrie et l'humanité ma nation.

Cet empêchement n'est pas admis non plus dans la doctrine maléchite. Il n'y figure pas à côté des autres empêchements à succéder (Khalil ibni Ishak, *Jurisprudence musulmane* traduction française, vol. III).

II

Fondement juridique du droit de la succession

Cherchons d'abord à connaître la théorie du droit sur laquelle est fondée le droit de succession.

Nous pourrons alors nous rendre un compte

musulman, page 183), Cheïk Abdullah El Chenchouri, dans son *Feth el karib li cherhi kitabi tertib* et l'Imam Gazali, dans son *El wédjaz*, deux commentateurs de la doctrine chafeïte, enseignent que dans cette doctrine l'étranger peut, suivant l'opinion la plus répandue, recevoir par succession d'un *zemmi*: Mouahid (c'est-à-dire le *mustémin*) *ilé zimmi arasinda tévaruce djari dir*.

exact des empêchements qui en barrent l'accès.

Le droit musulman fonde la succession sur les deux principes suivants : 1° l'inviolabilité ou la sauvegarde, *ismét* ; 2° l'autorité ou puissance *vélayét*.

Les jurisconsultes hanéfites énoncent cette règle en disant *véracét ismét vè vélayété musténid dir*. (Seïdi chérif, sur *Séradjiyé*, ouvrage faisant autorité en droit successoral et dont la doctrine est suivie par le Fetwahanéi Ali).

III

« Ismet » Inviolabilité ou sauvegarde
ou droits naturels et civils

Dans son sens grammatical, *ismét* signifie chasteté. En droit, est chaste, *maassoum*, toute personne qui possède la foi, l'*iman*, c'est-à-dire qui est de religion musulmane.

Il est défendu, *haram*, de toucher à sa personne et à ses biens. *Ismét* signifie ainsi la sauvegarde et l'inviolabilité qui couvre le musulman dans sa personne et dans ses biens.

Dans le langage du droit moderne, il équivaut à la possession des droits naturels et civils.

Il est donc la base de toute vie civile et de toute possession légitime.

Par dérogation, cette double sauvegarde est accordée :

1° Aux mécréants qui ont accepté définitivement la domination de l'Islam en se constituant sujets, *zimmi* ;

2° A l'étranger, *harbi*, qui, venant commercer sur le territoire de l'Islam, a conclu avec lui un pacte et est devenu *mustémin*.

Il y a des cas où l'*ismét* cesse de couvrir la vie d'une personne mais continue à couvrir ses biens. Il en est ainsi pour le musulman en révolte contre l'Islam, le *baghi*.

D'autres fois, il protège la vie, mais ne protège par les biens. C'est le cas de l'étranger, *harbi*, devenu prisonnier de guerre et acceptant la condition d'esclavage. Il a la vie sauve, mais ses biens cessent de lui appartenir.

Ne peuvent naturellement recueillir par succession que ceux qui sont couverts par l'*ismet*, c'est-à-dire ceux qui peuvent légitimement acquérir des biens, soit parce qu'ils sont de religion musulmane, soit parce que ne l'étant pas, ils ont obtenu l'*ismét* par le *zimmét* ou par l'*aman*.

En d'autres termes, pour pouvoir succéder, il faut être en possession des droits naturels et civils.

C'est là une première condition d'ont l'évidence s'impose.

III

**« Vélayét » en général. Autorité ou puissance
ou droits politiques et civiques**

Quant au *vélayét*, nous devons entrer dans quelques développements.

Bien qu'en principe les hommes soient égaux entre eux, il y a cependant des circonstances où une personne exerce, d'une façon légitime, un pouvoir sur la personne et les biens d'autrui. L'exercice de ces pouvoirs constitue le domaine des *vélayéts*.

Le mot en lui-même signifie aide et affection.

Les jurisconsultes le définissent en disant qu'il constitue le droit (1) de disposer valablement (2) d'autrui (3) sans son consentement.

En fait, il se traduit par disposer, *téssarouf*.

Le *vélayét* doit toujours être profitable à la personne ou les biens sur lesquels il s'exerce. Il n'est légitime et ne peut s'exercer qu'à cette

---

(1) Pour certaines personnes déterminées par le Chériat.
(2) Dans une mesure déterminée par le Chériat.
(3) De personnes et de biens déterminés par le Chériat.

condition. Un exemple à cet égard se trouve dans l'article 58 du Médjellé ainsi conçu : le droit de disposer de ceux qu'on est appelé à administrer, n'est légitime qu'autant que cette administration leur est profitable.

Le *vélayét* doit se traduire, le cas échéant, par assistance. L'obligation de pension alimentaire du parent aisé au profit du parent nécessiteux, celle de l'Etat de fournir à l'indigent des secours, procèdent de cette règle.

Le *vélayét* le plus parfait est celui qu'un individu exerce sur sa propre personne et sur ses propres biens. Il n'est, dans ce cas, que la « liberté » même. Rien n'empêche cependant qu'il soit exercé par une autre personne, soit par le consentement de celui qui le subit, soit parce qu'il est imposé par le Chériat même.

IV

Diverses espèces de « vélayets »

Le *vélayét* constitue, par sa nature, un mandat public, une fonction publique.

Tantôt il est général, *ammé*, c'est-à-dire qu'il s'exerce à l'encontre de toutes les personnes qui habitent le territoire de l'Islam. C'est la souveraineté même du chef de l'Etat. Le pouvoir législatif, le pouvoir judiciaire, le droit de faire la guerre et de la conduire, le droit d'administrer le pays font nécessairement partie du *vélayéti ammé*. En principe, ces pouvoirs ne peuvent être délégués qu'aux seuls sujets musulmans Leur ensemble constitue le droit politique.

Tantôt il est particulier, *hassa*, et, dans ce cas, il s'exerce à l'égard de certaines personnes et de leurs biens, telle la puissance paternelle sur la personne et les biens de l'enfant. Ou seulement à l'égard de certains biens, telle l'administration du *mutévelli*, curateur sur les biens du *wakf*, du tuteur sur les biens de la personne qui est placée sous sa tutelle.

Il y a des cas où le *vélayéti hassa* s'exerce d'une façon indirecte. Tel est celui du témoignage en justice. Il produit des effets sur les personnes et sur les biens, puisqu'il forme la base du jugement à intervenir. Effets d'autant plus certains qu'il n'est pas permis au juge du Chéri de ne pas tenir compte des témoignages produits, comme cela est loisible pour le juge européen. Le témoignage lie le juge, disent les auteurs. Aussi, il réunit bien le caractère d'un *vélayéti hassa*.

Les *vélayéti hassas* ne sont, en réalité, autre

chose que l'exercice de droits presque civiques.

C'est donc un lien qui donne ouverture à des droits en même temps qu'il donne naissance à des obligations.

Le *vélayèt* qui sert de fondement au droit de succession est le *vélayèti hassa*, s'exerçant à l'égard des personnes et de leurs biens en même temps.

Or, succéder n'est autre chose que remplacer quelqu'un après son décès dans ses biens, *halé-fiyèt* (*Hindié*; *Zilu*) et en disposer comme le *de cujus* aurait pu en disposer de son vivant. C'est un *vélayèt* posthume. La succession se fonde donc sur le *vélayèt*. La proposition est justifiée.

Pour que quelqu'un puisse succéder à une personne, il faut que le lien du *vélayèti hassa*, qui est aussi un lien d'aide et d'assistance, existe entre eux.

La formule du droit musulman disant que la succession se fonde sur l'*ismet* et le *vélayet* signifie par conséquent que, pour pouvoir succéder, il faut réunir à la jouissance des droits naturels et civils celle des droits civiques.

V

Les empêchements

Ceci établi, les quatre empêchements qu'énumère le droit musulman, se justifient aussitôt :

Rik. Etat d'esclavage. L'esclave a l'*ismét* seulement pour sa vie ; il ne l'a pas pour ses biens ; il n'est pas en possession de ses droits civils ;

Katl. L'assassinat. C'est un acte qui rend tout exercice de *vélayet* illégitime et rompt ce lien ;

Ihtilafi dar. Divergence de nationalité. Le *vélayét* ne peut exister entre des personnes habitant des pays différents, en présomption d'état de guerre ;

Iihtilafi dine. Divergence de religion. Il faut enfin envisager les personnes appartenant à la nationalité commune musulmane et les gens qui n'en font point partie. Entre ces deux catégories de personnes il y a aussi absence de *vélayét* ; ainsi, l'*ihtilafi dine* n'est encore que l'*ihtilafi dar*.

VI

Résumé

De toutes les explications que nous venons de fournir, il résulte que par l'expression habitant d'un pays, *dar*, il faut entendre plus encore le lien politique, *dari heukmi*, qui unit un citoyen à son pays, que le fait matériel de la résidence sur son territoire, *dari hakiki*, et que, dans le langage de droit moderne, *ihtilafi dar* signifie *ihtilafi tabiiét*, divergence de nationalité.

Et on arrive ainsi à formuler les trois règles suivantes :

1º L'étranger ne peut pas recueillir par succession d'un sujet ottoman, ni même d'un étranger de nationalité différente, parce qu'il n'existe pas entre eux le lien du *vélayét* (Seidi chérif, sur *Séradjiyé; Durer; Multéka*. Parmi les auteurs contemporains, Haidar effendi, *Séhil el féraïz*, page 31).

2º Et le sujet ottoman, de son côté, ne peut, pour le même motif, recueillir de l'étranger par succession, l'absence du *vélayét* étant forcément réciproque. (Mêmes auteurs).

3º Cet empêchement ne concerne pas les musulmans, ni les non-musulmans sujet d'Etats alliés. (Mêmes auteurs). Cela ressort des motifs mêmes que nous avons analysés.

CHAPITRE V

Avant de chercher les applications de ces règles, une première question se pose. Elle a donné lieu à de vives controverses.

La loi du 7 séfer 1284, en autorisant les étrangers à acquérir des immeubles en Turquie et en les assimilant, quant à l'exercice du droit de propriété, de succession et de mutation, aux sujets ottomans, n'a-t-il pas aboli l'empêchement de l'*ihtilafi dar* en matière immobilière ?

Jusqu'à l'époque où parut cette loi, cet empêchement se confondait avec l'interdiction générale qui frappait l'étranger en matière de propriété immobilière. Ses effets, forcément limités aux seuls biens meubles laissés par le *de cujus* ottoman, ne pouvaient pas atteindre des intérêts bien importants. Ce n'est qu'à partir de cette époque que ses conséquences se firent sentir et on se demande à ce propos si l'empêchement subsistait après la nouvelle loi. La question fut posée nettement, une première fois en 1291, et résolue dans le sens de l'affirmative. Le *mazbata'* du Conseil des ministres rendu à ce sujet est constamment rappelé au cours de toutes les discussions qui ont surgi depuis. Il expose le point de vue que défend le gouvernement ottoman.

Voici ce document :

Tezkéré grand véziriel du 24 juillet 1291 (Dustour, Volm. IV p. 417).

« Le Conseil des ministres a examiné la déci-
« sion du Conseil d'Etat, rendue sur la demande
« formulée et les considérations émises par le
« ministère des Affaires étrangères, tendant à
« savoir si l'usage, *oussouli muttéhez*, suivant
« lequel les biens meubles et immeubles laissés
« par une femme sujette ottomane à son décès
« n'étaient pas dévolus à ses enfants et parents
« de nationalité étrangère, était applicable aux
« personnes décédées après la promulgation de
« la loi accordant aux étrangers le droit d'acqué-
« rir et de posséder des immeubles dans l'Empire
« ottoman.

« La succession et la propriété immobilière sont
« des choses distinctes n'ayant aucun lien entre
« elles. En vertu de la loi précitée, on a accordé

« aux étrangers le droit d'acquérir et de possé-
« der des immeubles en Turquie, mais non celui
« de pouvoir recueillir la succession d'un sujet
« ottoman. L'empêchement édicté par le Code
« foncier (1) se fonde sur le légitime souci de
« consolider les liens de la sujétion. Cette consi-
« dération a toujours eu une grande valeur au-
« près de toutes les puissances. Elle a été tenue
« aussi comme fort importante par l'Etat otto-
« man. Par conséquent, il a été décidé de main-
« tenir dans tous les cas les dispositions de la
« décision dernièrement prise, c'est-à-dire de
« réitérer que l'étranger n'a, dans les biens
« meubles, les immeubles et les terres laissés
« au décès d'un sujet ottoman ni droit de suc-
« cession, ni droit de mutation et que seuls les
« immeubles et les terres appartenant à l'étran-
« ger conformément à la loi sus mentionnée
« seront dévolus à ceux de ses héritiers qui,
« légalement, y ont droit ».

Cette décision est invariablement observée par
l'Administration du cadastre dans la délivrance
des titres de propriété. Elle est également suivie
par le Conseil d'Etat, surtout dans ces dernières
années et forme la base de sa jurisprudence.

(1) Article 110. Le texte de cet article est cité plus loin.

Ceux qui la combattent font observer d'abord qu'elle n'a pas été approuvée par Iradé Impérial. Elle n'a donc qu'une valeur interprétative. A l'argument que le droit de propriété et le droit de succession sont des matières distinctes, on répond qu'il est peut être excessif d'affirmer qu'elles n'ont aucun lien entre elles. La succession donne naissance au droit de propriété. Les juristes musulmans disent qu'elle impose ce droit, *ésbabi mudjbiréi téméllukdén dir*. On ne comprendrait pas que l'étranger devenu habile à acquérir des immeubles par achat ou par donation se trouvât incapable de les acquérir par voie de succession. Ce droit n'est que le prolongement et la manifestation du droit de propriété au moment du décès.

On fait remarquer aussi que la loi a, en matière immobilière, assimilé les étrangers aux sujets ottomans et, en fait, cette assimilation est complète. Les effets attachés à leur qualité d'étrangers ont cessé tant pour l'examen des affaires immobilières que pour l'exécution des jugements intervenus. Apparaîtraient-ils seulement à l'ouverture d'une succession immobilière? Enfin l'article 1er de la loi du 7 séfer stipule que les étrangers sont admis à bénéficier du droit de propriété immobilière au même titre que les sujets ottomans. Le maintien pour les étrangers de l'empêchement de recevoir par mutation ou succession d'un sujet ottoman ne peut pas se concilier avec cette disposition, alors surtout que le gouvernement ottoman reconnaît en faveur de ses sujets le droit de recueillir la succession immobilière d'un étranger (1).

L'opinion que la loi du 7 séfer a virtuellement aboli l'empêchement en matière immobilière pour divergence de nationalité a pour elle l'autorité de M. Salem (V. *Journal de Droit international privé*, 1899, p. 970) et celle de M. Pellissier de Rausas (V. *Régime des capitulations dans l'Empire ottoman*, Vol. I, p 494).

Ajoutons, pour être complet, que ces considérations n'ont pas été toujours sans prévaloir dans les vues du gouvernement ottoman et dans celles du Conseil d'Etat qui reflète ses opinions. A diverses reprises, des solutions sont intervenues où il a été permis à l'étranger de recueillir la succession immobilière du sujet ottoman. Dans une espèce, on reconnut que la loi du 7 séfer avait virtuellement aboli l'empêchement qui le frappait. Il nous a semblé intéressant de verser au débat ces documents. M. Salem cite aussi une lettre du ministre de l'Intérieur au Vali de Salonique en date du 7 juillet 1309, n° 66 (V. *Journal de Droit international privé*, p. 970).

(1) Voyez au chapitre VI, § III, p. 73 et suiv.

Commençons par donner le texte d'un mazbata qui résume toute la question, encore qu'il
soit rendu à l'occasion d'une succession immobilière où le *de cujus* et les héritiers relevaient
de différentes nationalités étrangères.

*Décision de la section législative du Conseil
d'Etat en date du 10 avril 1300 et du 21 Rédjeb 1301.*

« Le Vali de Salonique a demandé, par dépê-
« che, des instructions au sujet des propriétés
« *mulks*, magasin, boutique, maison et cons-
« tructions *mulks*. d'une ferme appartenant au
« sieur Panayot Rogotti, commerçant, de natio-
« nalité britannique, établi à Salonique et décédé.
« dans cette ville sans laisser d'enfants. La cor-
« respondance échangée à cet égard entre le
« ministère de l'Intérieur et l'Administration du
« cadastre a été, le 21 séfer 1301, renvoyée au
« Conseil d'Etat. D'autre part, la consultation
« des conseillers légistes de la Sublime Porte,
« ainsi que la traduction de la note de l'ambas-
« sade britannique ayant également été com-
« muniquées par le ministère des Affaires étran-
« gères, la section législative (Conseil d'Etat) en
« a pris connaissance.

« Le Vali mande que le défunt a laissé pour
« héritiers exclusifs les deux fils de son frère,
« précédemment décédé, Panayot et Athanase,
« l'un de nationalité russe et l'autre de nationa-
« lité hellène et que les biens meubles ont été
« partagés entre eux par les soins du consulat.
« Pour les immeubles *mulks*, le tribunal du
« Chéri a été d'avis qu'ils étaient privés du droit
« d'hériter pour cause d'*ihtilafi dar*, tandis que
« ces deux héritiers soutiennent de leur côté
« que ces propriétés doivent leur être attri-
« buées au même titre que les meubles suivant
« la loi anglaise.

« Mais l'Administration du cadastre répond
« que d'après la circulaire grand vézirielle du
« 24 juillet 1291, les enfants et les parents de
« nationalité étrangère d'un sujet ottoman ne
« peuvent recueillir par succession les terres et
« les immeubles de ce dernier; quant aux immeu-
« bles possédés par des étrangers, ils sont
« recueillis par leurs héritiers désignés par la
« loi. La permission d'acquérir des immeubles
« dans l'Empire ottoman n'a été accordée aux
« étrangers qu'à la condition de se conformer
« aux lois particulières de possession, de muta-
« tion, de *féragh* et d'hypothèque en vigueur et
« à édicter dans l'avenir. Or, suivant la loi et
« la coutume en vigueur, les immeubles appar-

« tenant à un étranger ne sont pas transmis (1) à
« une personne de nationalité différente Consé-
« quemment, les immeubles du défunt sont tom-
« bés en déshérence.

« Dans un communiqué fourni par le bureau
« du *Divani Humayoun,* il est dit qu'on n'a
« aucune connaissance du tezkéré grand véziriel
« précité et qu'on n'y a pas rencontré non plus
« aucune mention d'une loi ou d'un précédent
« s'appliquant à ce cas. Seulement dans le traité
« de 1086 passé avec la Grande-Bretagne, il est
« stipulé qu'au décès d'un sujet britannique
« l'Empire ottoman, le *Béit ul mal* et les juges
« ne prendront pas possession des meubles et
« des marchandises laissées par le défunt et n'y
« interviendront point sous prétexte qu'ils appar-
« tiendraient à des absents. Ces meubles et mar-
« chandises seront remis à la personne à qui ils
« seront légués par testament. Si le sujet britan-
« nique est décédé *ab intestat,* ils seront remis
« au consul. Cette disposition concerne les
« meubles et ne se rapporte pas à l'espèce en
« litige.

« Quant aux conseillers légistes, ils ont émis
« l'avis que les étrangers de nationalité diffé-
« rente ont le droit de recueillir mutuellement

(1) Le mot *intical* est employé ici dans ce sens.

« par succession les immeubles à la condition
« toutefois qu'ils relèvent des Etats ayant signé
« le protocole de la loi accordant aux étrangers
« le droit de propriété immobilière, attendu que
« tous les nationaux de ces Etats ont un égal
« droit de profiter des dispositions de la loi, et
« que dans la susdite loi, aucune distinction
« n'est établie parmi les personnes de nationa-
« lité étrangère.

« Un conseiller, en se fondant sur ce que les
« étrangers sont, suivant la loi (1) leur accor-
« dant le droit de propriété immobilière, tenus à
« se conformer aux lois en vigueur et à promul-
« guer dans l'avenir et sur ce que l'empêche-
« ment de recueillir par succession de l'étranger
« en vertu de l'*ihtilafi dareïn* est l'une de ces
« règles administratives, a exprimé l'opinion
« que les neveux du *de cujus* étaient incapables
« de recueillir par succession les immeubles du
« *de cujus.*

« Vu l'importance de la question, le Conseil
« s'est fait communiquer la circulaire grand-
« vézirielle sur laquelle se fondait l'Administra-
« tion du cadastre pour soutenir que ces im-
« meubles *mulks* étaient tombés en déshérence.

(1) Dans nombre de documents officiels, la loi du 7 séfer 1284
est, suivant nous, improprement appelée loi de l' « istimlak »
des étrangers. Le mot *istimlak* signifie expropriation.

« Cette circulaire porte que sur la question de
« savoir si la règle d'après laquelle au décès
« d'une femme d'origine ottomane, son mari et
« ses enfants étrangers ne peuvent succéder
« dans les immeubles laissés par elle continuait
« à rester en vigueur après la promulgation de
« la loi accordant aux étrangers le droit de pro-
« priété immobilière, le Conseil des ministres a
« décidé que la succession et le droit de pro-
« priété immobilière étant choses distinctes, la
« règle en question ne pouvait pas être consi-
« dérée comme modifiée. Cependant, Parnis
« Effendi (1) avait présenté une consultation
« d'après laquelle sur la promulgation de la sus-
« dite loi aucune distinction ne pouvait être
« faite entre un sujet ottoman et un sujet étran-
« ger en matière immobilière et l'article 110 du
« Code foncier devait être considéré comme
« aboli. Le Conseil des ministres a jugé néces-
« saire de délibérer à nouveau à ce sujet. D'où
« la conséquence à retenir qu'aucune décision
« définitive n'est pas encore prise.

« Après avoir recueilli ces renseignements, la
« section législative était sur le point de délibé-
« rer, lorsque la note de l'Ambassade britanni-
« que lui a été communiquée. Elle dit, en résumé,

______

(1) Conseiller légiste de la Sublime Porte.

« que l'empêchement de l'étranger à recueillir
« par succession des immeubles en Turquie ne
« peut subsister après la promulgation de la loi
« accordant aux étrangers le droit de propriété
« immobilière et que l'étranger a acquis le droit
« au même titre que le sujet ottoman à laisser
« ses immeubles à ses héritiers Autrement,
« l'assimilation de l'étranger à l'ottoman ne
« serait qu'un vain mot. Même si l'on faisait
« abstraction de cette loi et si l'on voulait exa-
« miner la question d'après les principes du
« Chériat, on doit remarquer que l'*ihtilafi dar*
« est la divergence qui existe entre la *dari harb*,
« d'un côté, et le *dari Islam*, de l'autre. Dès lors,
« on ne peut pas le concevoir pour deux *dari*
« *harb*. En l'espèce, le *de cujus* et les héritiers
« sont également étrangers et, suivant le Ché-
« riat, il n'y a pas d'empêchement à recueillir
« par succession.

« Si l'on envisage la question sous ce point
« de vue, on est forcé de reconnaître que consi-
« dérer comme étant en vigueur contre les étran-
« gers la règle de l'*ihtilafi dar* en matière immo-
« bilière (1), c'est-à-dire priver du droit de

(1) Le texte dit *émlak*. Il est cependant manifeste que ce mot
est employé comme terme général et, par conséquent, dans
l'acception d'immeuble Cette confusion est fréquente dans les
documents administratifs.

« succession (1.) les héritiers d'une personne de
« nationalité étrangère apte à posséder des im-
« meubles en Turquie, pour cause de divergence
« de nationalité, équivaudrait à introduire la res-
« triction la plus importante dans le droit de
« propriété. Une pareille restriction ne saurait
« être admise à moins d'être formulée par une
« disposition expresse, soit dans le texte de la
« loi, soit dans le protocole signé par les Puis-
« sances. En l'absence d'un pareil texte, on ne
« peut pas défendre cette thèse en s'appuyant
« uniquement sur l'argument tiré de l'obligation
« de l'étranger de se soumettre aux lois ottoma-
« nes relatives au droit de propriété.

« Il est, d'ailleurs, absolument difficile, pres-
« qu'impossible, dans les temps actuels et au
« point de vue d'utilité générale, tout aussi bien
« d'expliquer et d'appliquer aux étrangers la
« règle de l'*ithtilafi dar* que de leur faire admet-
« tre une règle spéciale du droit ottoman, alors
« que la divergence de nationalité parmi les
« membres d'une même famille n'est pas consi-
« dérée en Europe comme un motif de privation
« du droit de propriété. Les Puissances ne man-
« queraient pas, d'ailleurs. de la considérer

(1) Le texte emploie le mot *intical* dans le sens de dévolution
successorale en général, étant donné qu'il s'agit ici de toutes
les catégories d'immeubles sans exception.

« comme une atteinte à la loi reconnaissant aux
« étrangers le droit de propriété immobilière.
« C'est ce que fait précisément observer le takrir
« de l'Ambassade d'Angleterre. »

Ici finit l'exposé de la doctrine relative à
l'*ihtilafi dar*. Le Conseil d'État estime que l'empêchement pour *ihtilafi dar* est aboli par la
promulgation de la loi du 7 séfer. Il poursuit
en ces termes :

« L'article 1er de la loi reconnaissant aux étran-
« gers le droit d'acquérir des immeubles en Tur-
« quie, assimile les propriétés *mulk* aux meu-
« bles et suivant la loi promulguée l'année
« passée (1) l'ottoman nationalisé étranger sans
« l'assentiment de son gouvernement est déclaré
« déchu de sa nationalité ottomane et privé du
« droit de propriété et de succession dans l'Em-
« pire ottoman. De plus, ses immeubles *mulks*
« sont partagés entre ses héritiers. D'où il résulte
« que les immeubles *mulks*, ne peuvent être tom-
« bés en deshérence. L'étranger dont le pays n'a
« pas signé le protocole de la loi du 7 séfer 1284
« est seul privé du droit de posséder des immeu-
« bles en Turquie. Il doit être, par conséquent,
« le seul aussi à être privé du droit de succes-
« sion. Quant aux héritiers du *de cujus* dont il

____

(1) Celle du 21 février 1298

« s'agit en l'espèce, ils sont sujets d'Etats ayant
« signé ce protocole. Il est, par conséquent,
« décidé, à la majorité des voix que ses immeu-
« bles *mulks*, tout comme ses autres meubles,
« doivent être partagés parmi ses héritiers, c'est-
« à-dire d'après les parts fixées par le *féraïz*,
« excepté ses terres *émiriyés* et *mévkoufés* (les-
« quelles seront dévolues par parts égales).

C'est probablement sur la base de ce document que M. Young a cru pouvoir affirmer que
le gouvernement ottoman semblait disposé à
adopter une interprétation plus libérale de la loi
du 7 séfer (Young, *Corps de droit ottoman*, vol. I,
p. 331).

Voici un autre document où des personnes
d'origine ottomane, naturalisées étrangères, sont
autorisées à recueillir la succession immobilière de leur père, sujet ottoman. Cette solution
s'applique *à fortiori* aux étrangers en général.

*Lettre du ministère de l'Intérieur au Vali de
Salonique, en date du 2 Ramazan 1301 et du
13 juin 1300, sub. n° 91.*

« Le Grand Vézir me mande ce qui suit :

« Il avait été décidé précédemment, que sui-
« vant l'article 1er de la loi accordant aux étran-

« gers le droit de posséder des immeubles en
« Turquie, la ferme Hémendos, sise à Siros,
« appartenant à feu Roméo Stério, sujet ottoman,
« ne pouvait pas être dévolue par mutation à ses
« enfants qui s'étaient naturalisés étrangers et
« qu'en vertu des dispositions du Code foncier,
« cette ferme devait être vendue aux enchères.
« Un Iradé Impérial ayant sanctionné cette déci-
« sion, elle avait été mise à exécution.

« Le mandataire des fils du défunt ayant, par
« des conclusions présentées à la section d'Inté-
« rieur du Conseil d'Etat, soulevé des objections
« contre cette décision, la susdite section, consi-
« dérant que suivant l'article 1ᵉʳ de la loi du
« 21 février 1298 et 15 Rébi ul ahir 1300, les per-
« sonnes dont la naturalisation étrangère aurait
« été reconnue par le gouvernement ottoman,
« ont le droit de profiter « de tous les avantages
« accordés par cette loi » à la condition de se
« conformer aux obligations établies à cet égard ;
« considérant que le défunt est mort dans la
« nationalité ottomane, et que la naturalisation
« de ses enfants a eu lieu sur le consentement
« du ministre des Affaires étrangères, a décidé
« qu'en vertu de ce paragraphe dudit article, les
« demandeurs possèdent le droit de mutation et
« de succession dans la susdite ferme et qu'il n'y
« a pas lieu de maintenir la décision précé-

« dente tendant à la déshérence. Dans ces con-
« ditions, le gouvernement doit cesser d'y inter-
« venir et d'autre part les titres de propriété
« doivent leur être délivrés. Cette décision a été
« confirmée par Iradé Impérial et des instructions
« en conséquence ont été communiquées à la
« démonstration du cadastre. »

Ici l'application libérale de la loi du 7 séfer
1284 est plus frappante encore. Le *de cujus* est
ottoman et ses deux fils se sont fait naturaliser
étrangers.

Ajoutons que cette décision est revêtue de
l'Iradé Impérial(1).

Le Conseil d'Etat n'a pas tardé à abandonner
cette jurisprudence pour se fixer dans le sens
opposé qu'il maintient encore aujourd'hui. On
trouvera, plus loin, les décisions qui ont été
rendues depuis dans ce sens. Le conflit sur ce

______

(1) Les tribunaux austro-hongrois avaient été, aussi, de
cette opinion qu'à la suite de la promulgation de la loi du
7 séfer 1284, l'empêchement à succéder concernant les étrangers avait disparu et que les décrets du 22 décembre 1775 et
du 8 janvier 1776, excluant les sujets ottomans de toute succession autrichienne par mesure de réciprocité, devaient
être considérés comme abolis (arrêts de la Cour suprême de
Vienne, du 24 juin 1871 et du 10 novembre 1874, cités par
Salem, *Journal de droit international privé*, 1899).

point semble avoir pris assez d'ampleur pour motiver l'envoi au ministère des Affaires étrangères d'une note identique de la part des Missions étrangères insistant sur ce que cet empêchement serait virtuellement aboli en matière immobilière à la suite de la promulgation de la loi du 7 séfer, du moins quant aux étrangers relevant des Etats qui ont donné leur adhésion.

Notre opinion personnelle est que la thèse soutenue dans cette note ne se justifie pas en droit. En droit musulman, le droit de succession repose exclusivement sur les rapports du *vélayet* existant entre le *de cujus* et les héritiers. La loi du 7 séfer n'a pas pu modifier la nationalité des étrangers ayant fait des acquisitions immobilières en Turquie. Ces étrangers ne sont pas pour cela devenus sujets ottomans. Aucun lien de *vélayet* n'a pu être créé. Ils ont seulement été soumis à l'application des lois ottomanes en ce qui concerne l'exercice de leur droit de propriété. Le *vélayet* est un état général inhérent à une personne et dont l'existence ne peut se concevoir seulement par rapport et à l'occasion d'un objet déterminé tel qu'un bien immeuble. Il ne crée pas des droits seulement. Il fait naître des obligations. Il ne peut se scinder ni se fractionner. Peut-on aller jusqu'à reconnaître d'une façon générale l'existence de ce lien, qui est un lien « civique », entre les étrangers et les ottomans ? Je ne le crois pas, parce que, dans ce cas, il faudrait aussi leur concéder le droit de remplir les fonctions publiques en Turquie.

En tout cas, ce n'est pas la loi du 7 séfer qui justifierait une extension aussi excessive du droit des étrangers dans l'Empire ottoman. Telle est la vérité juridique au point de vue du droit musulman.

Le gouvernement Impérial est, dès lors, fondé à soutenir qu'en promulguant la loi du 7 séfer, il n'a pas pu avoir accordé aux étrangers le droit de recueillir la succession immobilière d'un sujet ottoman.

CHAPITRE VI

COMMENT CET EMPÊCHEMENT EST APPLIQUÉ

I

Diverses catégories d'immeubles

Tâchons maintenant de résoudre les difficultés soulevées par l'application des règles que nous avons posées.

Pour les immeubles *mulks* et *moukataali*, l'empêchement pour divergence de nationalité est dicté par le *féraïz* même. Dans la mutation des terres *émiriyés* et *mévkoufés*, il est formulé dans le premier paragraphe de l'article 110 du Code foncier. Ce paragraphe est ainsi conçu :

« Les terres appartenant à un sujet ottoman ne sont pas dévolues à ses héritiers de nationalité étrangère. »

Pour les *wakfs* à double redevance, il n'existe

aucun texte de loi. C'est encore par les prescriptions du Chériat qu'on supplée à l'absence des textes (Eumer Hilmi Effendi, *Ahkiam el ewkaf*, article 197, p. 63).

On se fonde aussi sur ce qu'ils sont, en vertu de la loi sur l'extension du droit de mutation, assimilés aux terres *émiriyés* et *mévkoufés*.

On s'est demandé si toutes les règles formulées par le Chériat sont applicables à ces deux catégories d'immeubles. Les tribunaux du Chéri ne font naturellement aucune difficulté pour le reconnaître et ne distinguent pas entre succession proprement dite *irce* et mutation *intical*. La jurisprudence administrative distingue. Elle fait valoir qu'on se trouve ici dans le domaine de la loi et non du droit strict musulman.

Nous examinerons cette question plus loin.

II

L'étranger n'hérite pas du sujet ottoman

C'est là l'expression la plus simple de l'*ihtilafi dar* et l'explication de la première règle que nous en avons déduit.

Ainsi, par exemple, un sujet français ne

recueille pas la succession mobilière (1) et immobilière laissée par son père, sujet ottoman, quelle que soit, d'ailleurs, la catégorie à laquelle appartient l'immeuble laissé, *sirf mulk, moukataali, wakf* à double redevance et terres *émiriyés* et *mévkoufé* (Jurisprudence des tribunaux du Chéri et du Fetwahanéi Ali. Jurisprudence et pratique administratives conformes).

Mais l'étranger musulman peut recueillir la succession mobilière et immobilière d'un sujet étranger musulman (Séidi chérif sur *Séradjiyé*, jurisprudence du Fetwahanéi Ali), parce que, nous l'avons déjà dit, l'Islam est un motif d'union *djihéti djami'a*, une nationalité commune et générale.

Ainsi, un musulman, sujet persan, recueille la succession de son père musulman, sujet ottoman.

Cette distinction ne se trouve pas dans l'article 110 du Code foncier. Quelques auteurs sont d'avis que ses dispositions semblent plutôt l'exclure de la mutation des terres et aussi des

____

(1) MM. Baudry Lacantinerie et Albert Wahl se trompent en enseignant que quant aux meubles, il a été toujours admis que les étrangers pouvaient succéder en Turquie (*Traité de droit civil*, t. I, p. 186). C'est exactement le contraire qui est vrai.

wakfs à double redevance. (Haïdar Effendi, *Cherhi djédid el kanouni érazi*, p. 475). La pratique administrative qui, de nos jours, fait prévaloir le principe de la nationalité ottomane sur la nationalité musulmane, semble lui être également défavorable, et dans une espèce le Conseil d'Etat l'a repoussée.

Décision du Conseil d'Etat du 29 Djémazi ul-akhir 1310

« L'ambassade de Perse a demandé qu'il soit
« enjoint aux autorités d'Adana de remettre au
« consul de Perse la succession de feu Agabir,
« fils de Moustafa, originaire de Siné (Perse),
« décédé à Adana, pour qu'il la fasse parvenir à
« ses héritiers (sujets persans).

« Le Vali d'Adana fait observer que le défunt
« s'était fait naturaliser sujet ottoman, et que,
« d'après les prescriptions du tezkéré grand
« véziriel, du 24 juillet 1291, qui figure dans le
« Dustour, les parents de nationalité étrangère
« d'un sujet ottoman ne peuvent recueillir sa
« succession.

« Les conseillers légistes de la Sublime Porte
« ont estimé que la divergence de nationalité
« ne constitue pas, entre musulmans, un empê-

« chement à recueillir la succession. Cette opi-
« nion est, d'ailleurs, confirmée par un *fétwai*
« *chérif*, rendu pour ce cas. Le ministère des
« Affaires étrangères soumet l'affaire au Conseil
« d'Etat.

« A la majorité, la décision suivante est ren-
« due :

« Aussi bien en vertu des prescriptions du
« Chériat que de celles de la loi, un étranger
« ne peut hériter d'un ottoman. Le gouverne-
« ment persan veut profiter de la disposition du
« Chéri d'après laquelle la divergence de natio-
« nalité ne constitue pas, entre musulmans, un
« empêchement à recueillir la succession. Mais
« attendu qu'il a toujours réclamé en faveur de
« ses sujets l'application des dispositions édic-
« tées à l'égard des étrangers, il ne paraît pas
« conforme à l'équité qu'il obtienne un traite-
« ment d'exception dans le seul cas où cela ne
« convient pas à leurs intérêts ».

Lorsqu'un Etat étranger non musulman prête
assistance, *téavune vè ténassur*, à l'Empire ottoman et contracte avec lui une alliance, le sujet
de cet Etat hérite d'un sujet ottoman non musulman (Séidi chérif sur *Séradjiyé*). La fiction de
l'état de guerre, comme rapport normal entre

les nations et celle de se trouver en face d'un ennemi toutes les fois qu'on traite avec l'étranger, ne peuvent pas être prises en considération devant le fait positif de l'Etat étranger venant au secours de l'Empire ottoman. Une pareille alliance met, le cas échéant, l'armée de cet Etat au service de l'Empire ottoman, et le citoyen allant combattre à son profit ne saurait être frappé d'aucun empêchement.

Les Etats étrangers qui ont garanti l'intégrité de l'Empire ottoman et se sont engagés à employer leur armée à sa défense pourraient à juste titre, selon nous, bénéficier de cette disposition. Ils ne l'ont pas fait jusqu'ici probablement parce qu'ils l'ignoraient.

III

Le sujet ottoman n'hérite pas de l'étranger.

Nous touchons ici à l'une des questions les plus controversées de l'*ihtilafi dar*.

Les tribunaux du Chéri reconnaissent sans hésiter que le sujet ottoman est exclu de la succession mobilière et immobilière de l'étranger qui reviennent exclusivement aux héritiers de même nationalité que le *de cujus* (Séidi chérif sur

Séradjiyé, Eumer Hilmi Effendi, *Ahkiam el ewkaf*, art. 197, p. 63. Haïdar Effendi, *Sehil el féraïz*, p. 31). Jugement du tribunal du Chéri de Smyrne, du 10 Rébi ul ewel 1313, n° 91, déclarant le sujet ottoman Miguirditch Ekizler, exclu de la succession immobilière de son père *sirf mulk* et *wakf* à double redevance, sise à Smyrne et l'attribuant totalement à Artine Ekizler, autre fils du défunt, celui-là sujet russe. Le 7 séfer 1314, le pourvoi dirigé contre ce jugement fut rejeté par le Fetwahanéi Ali. Sur l'appel (1), le Médjlissi tedkikati chériyé a confirmé le jugement par arrêt du 26 Djémazi ul ewel 1314. L'Administration du cadastre délivra, en conséquence, les titres pour l'entière propriété de ces immeubles au nom d'Artine Ekizler seul.

Jugement du tribunal du Chéri de Galata, du 12 Zilhidjé 1320, excluant les neveux Sursock, sujets ottomans, de la succession immobilière *mulk* de Nédjib Bustros, sujet russe, et l'attribuant à son épouse, la dame Isabelle Bustros, sujette russe.

---

(1) Selon la procédure du Chéri, les recours contre les jugements sont d'abord examinés par le Fetwahanéi Ali qui juge le point de droit. Ce département remplit les fonctions d'une Cour de cassation. Si on ne découvre aucun motif de cassation, le recours, pour l'examen des autres moyens, est transmis au Médjlissi tedkikati chériyé, qui juge le fond en appel.

Le 5 Chewal 1321 le pourvoi en cassation a été rejeté et sur l'appel, le jugement confirmé le 3 Djemazi ul ahir 1322 par le Médjlissi tedkikati chériyé.

Lorsque le *de cujus* étranger est d'origine ottomane, il faut distinguer suivant que la naturalisation étrangère est approuvée par le gouvernement ottoman ou non. Si elle est approuvée, cette naturalisation produit ses effets en Turquie. La qualité d'étranger du *de cujus* n'étant plus contestée, sa succession immobilière est recueillie par ses héritiers de même nationalité.

Si le gouvernement ottoman n'a pas donné son approbation à la naturalisation étrangère du *de cujus*, celui-ci est considéré comme sujet ottoman et les héritiers étrangers ne peuvent pas recueillir la succession, laquelle, dans ce cas est recueillie exclusivement par les héritiers de nationalité ottomane.

Remarquons, en passant, que pour l'héritier ottoman d'un étranger, en dépit de la rigueur du Chériat, il reste quelque chance de recueillir, en partie au moins, sa part successorale. Pour la succession mobilière, c'est la loi nationale de l'étranger qui est appliquée et, en général, elle ne considère pas l'héritier d'une nationalité différente comme incapable de recueillir par succession. Ainsi, il est enseigné en France que, suivant l'article premier de la loi de 1819, l'étranger succède en France même si les lois de son pays l'écartent des successions ouvertes dans ce pays (Baudry-Lacantinerie et Albert Wahl, *Traité de droit civil*, tome I, p. 160. Laurent, tome VIII, n° 558).

La jurisprudence administrative a toujours varié. Favorable d'abord à la réciprocité de cet empêchement et à l'exclusion de l'ottoman de la succession d'un étranger, suivant une décision rapportée dans la circulaire du ministère de la Justice en date du 10 avril 1303, elle l'a repoussée quelque temps après dans la mutation *intical* et a admis le concours de l'héritier ottoman avec l'héritier de même nationalité que le *de cujûs*.

Décision rendue par la section législative du Conseil d'Etat, en date du 13 Zilcadé 1315 (Texte cité par Haïdar Effendi, *Cherhi djédid el kanouni érazi, p. 469).*

« Il a été donné lecture de la lettre du minis-
« tre de l'Ewkaf en date du 20 Djémazi ul ewel
« 1315, sub n° 484, renvoyée au Conseil d'Etat.
« En résumé, la lettre expose ce qui suit :

« L'Administration du cadastre, dans la muta-
« tion des immeubles appartenant à un sujet
« étranger, fait aussi concourir les enfants, sujets
« ottomans. Nous avons demandé si cette ma-
« nière de procéder s'appuyait sur une décision
« du gouvernement. Il nous a été répondu que
« c'était là une coutume *ab antiquo, téamuli*
« *kadime* ; que, suivant l'article 110 du Code fon-
« cier, les terres appartenant à un sujet ottoman
« ne peuvent être dévolues par mutation à ses
« enfants de nationalité étrangère, et que, d'au-
« tre part, la lettre grand vézirielle, du 24 juillet
« 1291, rapportant la décision rendue par l'*ind-*
« *jumen* du Conseil des ministres et figurant à
« la page 417 du IV tome du Dustour, pose, en
« principe, que la question d'immeubles, et la
« question de succession. sont des choses dis-
« tinctes et n'ont aucun lien entre elles. Par la
« loi accordant le droit de propriété immobilière
« aux étrangers, on leur a permis seulement
« d'acquérir des immeubles, mais on n'a pas
« accordé aux fils et aux parents étrangers du
« *de cujus* ottoman le droit de recueillir sa suc-
« cession. Cet empêchement a été édicté par le
« légitime souci de sauvegarder le lien de la
« nationalité. Par contre, il n'existe aucune dis-
« position légale, ni texte de loi, excluant les
« enfants et les parents de nationalité ottomane

« de la mutation des terres et des immeubles
« appartenant à un sujet étranger. L'article 1ᵉʳ
« de la loi accordant aux étrangers la permission
« d'acquérir des immeubles, dit seulement que
« les étrangers bénéficieront du droit d'acquérir
« des immeubles dans l'Empire ottoman sauf
« les terres du Hédjaz. Dans l'ouvrage *Ahkiam*
« *el ewkaf* de feu Hilmi Effendi, il est enseigné
« que les immeubles *wakfs* appartenant à un
« étranger ne peuvent être dévolus par mutation
« à ses héritiers de nationalité ottomane et Husni
« Effendi, mustéchar du tribunal du Teftiche,
« dans son *Commentaire sur le Code foncier*, dit
« que la mutation d'une propriété *wakf* appar-
« tenant à un étranger, au profit de son héritier,
« sujet ottoman, s'opère en vertu d'une coutume
« *ab antiquo*, confirmée par une décision du
« Conseil d'Etat. Cependant les sources de toutes
« ces opinions ne sont pas connues et nous
« n'avons trouvé à ce sujet aucun ordre souve-
« rain, ni aucune décision. Le ministère de
« l'Ewkaf n'a pas pu, par conséquent, décider
« s'il fallait conserver et continuer la coutume
« dont parle le bureau des titres ou la modifier.
« Il demande des instructions.

« Le conseiller d'Etat, Ali Haïdar bey, a émis
« l'opinion suivante :

« Les dispositions formelles du Code foncier

« disant que les terres appartenant à un individu
« ne seront pas dévolues par mutation à ses
« enfants et à ses parents de nationalité étran-
« gère sont la conséquence de la divergence de
« pays, c'est-à-dire de nationalité, entre le sujet
« ottoman et le sujet étranger. Dès lors, quand
« même aucun texte ne dirait expressément que
« les terres appartenant à un sujet étranger
« n'iront pas par mutation à ses enfants ou
« parents, sujets ottomans, cette solution doit
« naturellement prévaloir comme une consé-
« quence de la susdite disposition du Code fon-
« cier et il n'y avait pas besoin de la formuler en
« termes exprès Il est de même indispensable
« de sauvegarder le principe de la divergence de
« nationalité en matière de *wakf* à double rede-
« vance urbains ou ruraux et les immeubles de
« cette catégorie appartenant à un étranger ne
« doivent pas, à son décès, être dévolus à ses
« enfants et parents ottomans par voie de muta-
« tion. Il n'existe, d'ailleurs, aucune décision du
« Conseil d'Etat reconnaissant la coutume admet-
« tant l'héritier de nationalité ottomane à recueil-
« lir par mutation l'immeuble *wakf* appartenant
« à un étranger.

« Le Conseil, à la majorité des voix, a été de
« l'avis suivant :

« La dévolution en parts égales des immeu-

« bles *wakfs* urbains et ruraux à double rede-
« vance aux enfants des deux sexes par voie de
« mutation, n'a pas lieu en vertu du Chéri, mais
« en vertu de la loi. C'est pour cette raison que
« cette mutation s'appelle mutation ordinaire.
« L'extension du droit de mutation et la permis-
« sion donnée aux étrangers pour acquérir des
« immeubles sont également du domaine de la
« loi. Les règles du Chériat en matière de suc-
« cession sont tout à fait distinctes et le tezkéré
« grand véziriel figurant dans le tome IV du
« Dustour le confirme.

Les ouvrages tels que l'*Ahkiam el ewkaf* et le
« *Commentaire sur le Code foncier*, ne sont pas
« approuvés par l'Etat et ne sauraient servir de
« base à une décision. D'après la loi accordant
« aux étrangers la permission d'acquérir des
« immeubles en Turquie, excepté dans le Héd-
« jaz, ceux-ci ont ce droit, mais seulement en
« qualité de sujets ottomans. Il n'y a ni dans
« cette loi, ni dans les autres, un texte disant
« qu'en cas de leur décès, leurs propriétés *wakfs*
« ne seront pas dévolues par mutation à leurs
« enfants et parents qui auraient, d'une façon
« officielle (1), accepté la nationalité ottomane.

---

(1) Soit en remplissant les formalités de naturalisation, soit,
s'il s'agit d'une femme étrangère, en contractant mariage
avec un ottoman.

« Dans ces conditions, l'exclusion de leurs
« enfants et de leurs parents, sujets ottomans,
« du droit de recueillir par mutation leurs pro-
« priétés *wakfs* après la promulgation de la sus-
« dite loi ne saurait se concilier ni avec les lois
« en vigueur ni avec l'intérêt politique qui veut
« la sauvegarde du prestige de l'Etat. Il ne faut
« pas, non plus, perdre de vue que nombreuses
« sont les mutations faites dans ces conditions
« jusqu'à cette date avec l'autorisation du *mute-*
« *velli* ct l'Etat a, sur cette base, délivré officiel-
« lement des titres de propriété. Vouloir les
« annuler donnera lieu à des plaintes, peut-être
« à l'obligation de payer des indemnités Pour
« ces motifs, décide, qu'il est inévitable, *zarouri*,
« de conserver une coutume qui est conforme à
« l'intérêt public et ne viole d'ailleurs aucune loi
« de l'Etat et qu'il convient de répondre dans ce
« sens au ministère de l'Ewkaf. »

Cette décision est confirmée par le Conseil
des ministres dans ces termes :

Lettre grand vézirielle du 13 octobre 1315
(Texte donné dans le même ouvrage, p. 473)

« Le Conseil des ministres a examiné la déci-
« sion de la section législative du Conseil d'Etat

« approuvée par la section civile, relative au
« sujet de la demande d'instruction adressée
« par le ministère de l'Ewkaf, pour savoir si on
« devait continuer à observer la coutume *ab*
« *antiquo* concernant la mutation des immeubles
« appartenant à un sujet étranger au profit de
« ses enfants de nationalité ottomane.

« Conformément à ce qui est exposé dans la
« susdite décision, la dévolution en parts égales
« aux enfants des deux sexes par voie de muta-
« tion des *wakfs* urbains et ruraux à double
« redevance, l'extension du droit de mutation,
« ainsi que la permission accordée aux étrangers
« d'acquérir des immeubles, sont toutes du
« domaine des lois, tandis que la matière de
« succession est réglée par le Chériat. Ces deux
« matières sont absolument distinctes. Le sens
« de la lettre grand vézirielle du 24 juillet 1291,
« figurant dans le tome IV du Dustour, confirme
« ce principe. Au surplus, il n'existe aucun texte
« de loi postérieure à la susdite loi accordant
« aux étrangers la permission d'acquérir des
« immeubles, excluant les enfants et les parents
« de nationalité ottomane d'un étranger du droit
« de recueillir (1) par mutation les immeubles
« *wakfs* de celui-ci. Dès lors, leur refuser ce

(1) Bien entendu, concurremment avec les enfants et les
parents de même nationalité que le *de cujus*.

« droit ne concorderait ni avec les lois en
« vigueur, ni avec l'intérêt politique de l'Em-
« pire et la sauvegarde de son prestige. Par con-
« séquent, la conservation de cette coutume qui
« n'est contraire ni aux lois, ni à l'intérêt géné-
« ral, a paru inévitable. Des instructions en ce
« sens ont été communiquées. »

Avant d'entrer dans l'examen de ces décisions, constatons, tout d'abord, que les immeubles *sirf mulk* et *moukataali*, qui relèvent de la
succession proprement dite *irce* et dont le partage se fait d'après le *féraïz*, restent en dehors
de la solution adoptée. L'argumentation du
Conseil d'Etat ne s'applique qu'aux immeubles
wakfs à double redevance et aux terres *émiriyés*
et *mévkoufés*.

Quant à l'Administration du cadastre, elle va
plus loin. Elle voudrait même que, dans le partage des *mulks* et des immeubles *moukataali*
d'un sujet étranger, les héritiers ottomans pus-
sent concourir.

Au sujet de la succession russe Bustros, le
Conseil d'Etat avait décidé que les jugements
du Chéri excluant les héritiers ottomans, devaient ressortir leur plein effet, attendu qu'on
se trouvait ici en présence d'immeubles *sirf*
mulk (Décision de la section législative du

14 Rédjeb 1324, n° 849 ; décision de la section civile, 18 Djémazi ul ewel 1324, n° 2147 ordonnant que les titres de propriété soient délivrés au nom de Mme Isabelle Bustros).

Mais l'Administration du cadastre a refusé de s'incliner aussi bien devant les jugements des tribunaux du Chéri que devant les décisions du Conseil d'Etat. Elle n'a pas délivré les titres de propriété et, dans une lettre en date du 6 Mouharrem 1325, n° 346, qu'elle a adressée au Grand vizirat, elle motive ainsi son refus :

1° La coutume de faire concourir les héritiers ottomans dans le partage des immeubles de toute catégorie laissés par un étranger, n'a soulevé jusqu'ici aucune objection de la part des Missions étrangères et a été tacitement reconnue comme loi en cette matière ;

2° En abandonnant les immeubles *mulks* et *moukataali* aux seuls héritiers étrangers, on doit redouter que le partage n'en soit effectué suivant leur loi nationale.

Elle prie le Grand vizirat de faire examiner à nouveau cette question.

Revenons aux décisions mêmes du Conseil d'Etat et du Conseil des ministres. Elles ne nous paraissent pas fondées en droit. Elles s'appuient sur cette considération que pour les *wakfs* et les terres *émiryés* et *mévkoufés*, on se trouve dans le domaine des lois et non pas du Chériat. C'est vrai, mais la loi ne déroge pas ici aux prescriptions du Chériat. Le Médjellé aussi est une loi, mais ce sont les dispositions du Chériat codifiées. Il ne suffit pas d'affirmer qu'on est dans le domaine des lois pour s'affranchir aussitôt des règles du Chéri. Il faut prouver que la loi a entendu y déroger.

On fait valoir le silence de l'article 110 du Code foncier. On oublie peut-être que le Code foncier a été promulgué avant la loi du 7 séfer 1284, et que le législateur ne pouvait prévoir et régler le cas d'un étranger laissant à son décès des terres *émiriyés* ou *mévkoufés*. Son silence s'explique donc.

MM. Padel et Steeg objectent que l'article 110 ne devait point parler du tout de l'exclusion de l'héritier étranger (*Législation foncière ottomane*, p. 211). Cet argument ne nous paraît pas d'une grande force. La mutation, comme la vente, la donation, confère le droit de propriété. Le législateur déclare l'étranger privé de ce droit. Même en présence de l'interdiction qui frappait l'étranger d'acquérir des immeubles en Turquie, cette disposition n'était pas superflue.

Il ne faut pas, en effet, confondre l'interdiction d'acquérir des immeubles dans un pays avec l'empêchement de les recevoir par succession. Cette interdiction, plus ou moins complète, existe dans beaucoup d'Etats, notamment en Roumanie, dans plusieurs gouvernements de la Russie, dans le Wurtemberg, en Saxe, en Norvège, dans plusieurs des Etats-Unis d'Amérique. Il n'y est pas pourtant défendu à l'étranger de recevoir par succession un immeuble. L'étranger est tenu seulement de le revendre à un régnicole, tantôt sur le champ (Roumanie), tantôt après un certain délai (les autres Etats que nous venons de citer).

Il n'y a pas un texte de loi qui exclue l'héritier ottoman, nous dit-on. Non, sans doute. Mais il n'y en a pas davantage prononçant l'exclusion du sujet étranger de la mutation d'un immeuble *wakf* à double redevance laissé par un sujet ottoman. Cette exclusion n'en est pas moins en vigueur. Elle s'autorise du principe qu'en l'absence d'un texte de loi, on doit suppléer par les règles du Chériat. L'usage *ab antiquo* ? Mais outre que la pratique administrative n'a pas été toujours dans ce sens, — nous l'avons vu à propos de l'affaire Ekizler, — on peut se demander si, datant seulement de l'apparition de la loi du 7 séfer 1284, elle peut prétendre à l'autorité d'une ancienne coutume.

On perd de vue, selon nous, une chose essentielle contre laquelle aucune considération ne peut valoir.

L'empêchement pour *ihtilafi dar*, fondé sur l'absence de *vélayét* entre le *de cujus* et l'héritier, est nécessairement réciproque. On ne peut pas supprimer cette réciprocité sans atteindre cet empêchement dans son fondement juridique.

Il sera réciproque ou il ne sera pas.

Pour le côté politique, bornons-nous à rappeler, à son honneur, que l'*ihtilafi dar* n'a jamais été une arme de guerre ni de propagande. Lui attribuer ce caractère, serait lui enlever ce qu'il a d'équitable, le diminuer et l'affaiblir par conséquent.

Au surplus, la mission du Conseil d'Etat et du Conseil des ministres n'était pas de rechercher une solution répondant aux considérations de cet ordre. Leur devoir consistait à déterminer si, en l'état actuel, la réciprocité était conforme aux lois ou au Chériat. Au lieu de cela, ils se sont appliqués à justifier une mesure qu'ils estimaient peut-être nécessaire et ils ont voulu l'introduire dans les lois. En statuant comme ils l'ont fait, ils se sont arrogés, en réalité, le pouvoir législatif. La solution à laquelle ils ont abouti ne peut être considérée que comme une loi nouvelle à laquelle la sanction souveraine fait défaut.

En résumé, cette décision ne saurait être, encore qu'elle soit mise en pratique depuis quelque temps, tenue pour conforme au droit existant. C'est pourtant en s'inclinant devant elle que quelques auteurs et MM. Padel et Steeg à leur suite, ont conclu à l'abandon du principe de la réciprocité.

IV

L'étranger n'hérite pas d'un étranger d'une nationalité différente

Nous avons jusqu'ici étudié les rapports entre ottomans et étrangers. Voyons maintenant ceux de deux étrangers de différente nationalité.

Un étranger ne peut pas recueillir par succession d'un étranger d'une nationalité différente (Seïdi chérif sur *Séradjiyé*. Jurisprudence constante du Fétwahanéi Ali).

Jugement du tribunal du Chéri de Cartal en date du 13 zilhidjé 1321, empêchant la fille devenue sujette hellène, par suite de son mariage avec un héllèn, de recueillir sa part dans un immeuble *moukataati* laissé par la mère, sujette austro-hongroise. Le 23 Chewal 1322 le Fétwahanéi Ali a rejeté le pourvoi contre ce jugement et

le 11 rébenlewd 1323 le Médjlissi tedkikati chériyé l'a confirmé sur appel (1).

La jurisprudence administrative sur ce point
est conforme à celle des tribunaux du Chéri.

Décision de la section législative du Conseil d'Etat
en date du 6 Rédjeb 1324, n° 928.

« La section législative du Conseil d'Etat a
« pris connaissance de la lettre du ministère des
« Affaires étrangères du 9 séfer 1324, n° 177 et
« de ses annexes.

« Il y est exposé, qu'à la suite du décès de
« Mme veuve Técla Ottoni, sujette italienne, deux
« immeubles *sirf mulk* lui appartenant, sis à
« Asmali-Mesdjid, et dans la rue Timoni, devaient
« revenir, par succession, à ses héritiers les-
« quels sont : 1° son fils Henri Ottoni, sujet ita-
« lien ; 2° sa fille Hersilia, sujette italienne ; 3° sa
« fille Virginie, devenue française par suite de
« son mariage avec le sujet français Perroux.

« Mme Virginie Perroux, décédée à son tour,
« a laissé comme héritiers : 1° son fils Edouard,
« sujet français, agent consulaire de France à
« Kharpout ; 2° sa fille Mme veuve Corinne Schnei-
« der, née Perroux, sujette allemande.

---

(1) Le tribunal du Chéri semble avoir abandonné ici sa jurisprudence quant à l'influence du mariage sur la nationalité.

« Les susdits immeubles de Mme Técla Ottoni
« devaient donc être dévolus à M. Henri Ottoni,
« à Mlle Hersilia Ottoni et à son petit-fils Edouard
« Perroux et à sa petite-fille, Mme veuve Corinne
« Schneider.

« Le fondé de pouvoirs de tous les héritiers, en
« exécution d'une vente conclue avec M. Hanes-
« sian, a demandé que les immeubles soient
« transférés au nom de l'acheteur. Mais l'Admi-
« nistration du cadastre a objecté que M. Edouard
« Perroux étant sujet français et que Mme veuve
« Schneider étant allemande, ils devaient, par
« suite de l'*ihtilafi dar*, être exclus de la succes-
« sion dans ses immeubles qui devaient être
« exclusivement recueillis par les héritiers de
« nationalité italienne.

« L'Ambassade d'Italie, dans sa note, soutient
« que le principe d'*ihtilafi dar* entre étrangers
« de différentes nationalités, ne peut recevoir
« une application quelconque en présence du
« protocole de la loi reconnaissant aux étrangers
« le droit d'acquérir et de posséder des immeu-
« bles dans l'Empire. Cette objection est con-
« traire à la décision du Conseil d'Etat rendue
« en décembre 1318 et communiquée à l'Adminis-
« tration du cadastre. La dévolution d'immeubles
« *mulks* et *wakfs* entre étrangers de nationalité
« différente a été toujours admise et effectuée et

« il n'existe aucune loi nouvelle dérogeant à cette
« coutume ou modifiant le susdit protocole.

« Elle ajoute qu'on sera dans l'obligation
« d'exercer un recours contre l'Administration
« du cadastre pour l'indemnité encourue par
« suite de la non exécution de la vente conclue.
« Elle demande que des instructions formelles
« soient transmises à cette Administration pour
« qu'elle procède aux formalités de mutation
« pour ces immeubles et pour tous les autres cas
« analogues. Dans leurs notes respectives, les
« Ambassades de France et d'Allemagne deman-
« dent que les droits de leurs ressortissants soient
« sauvegardés.

« Les conseillers légistes ont été d'avis que
« l'application du principe d'*ihtilafi dar* dans les
« mutations entre étrangers de nationalité diffé-
« rente appellera les plus vives réclamations
« des Ambassades, réclamations basées sur ledit
« protocole et l'usage en vigueur, et qu'en outre
« on ne peut pas concevoir ici l'application de
« l'*ihtilafi dar* suivant la décision rappelée du
« Conseil d'Etat, surtout si l'on considère que les
« étrangers, en matière immobilière, exercent
« leur droit de propriété en qualité de sujets
« ottomans.

« Deux conseillers, Messoud bey et Ahmed
« Pacha, ont émit l'opinion suivante : Dans

« l'exercice de leur droit de propriété en matière
« immobilière, les étrangers sont traités en qua-
« lité de sujets ottomans. La succession est une
« conséquence naturelle de ce droit. Les immeu·
« bles appartenant aux étrangers sujets des Etats
« qui ont signé le protocole de la loi sur la pro-
« priété immobilière, devraient être recueillis par
« succession tant par leurs héritiers, sujets otto-
« mans, que par les héritiers de toutes nationali-
« tés différentes.

« La décision suivante a été rendue :

« En attendant qu'on prépare un projet de loi
« pour mettre fin aux conflits nés à l'occasion
« des successions immobilières des étrangers et
« que cette loi soit sanctionnée par Iradé Impé-
« rial, comme le Conseil en avait émis le souhait
« dans son mazbata du 12 Chewal 1324, il est iné-
« vitable de faire application des règles du Ché-
« riat aux héritiers de nationalités différentes de
« la susdite dame Técla et dans les cas analo·
« gues.

« Il a été décidé de communiquer la présente
« au ministère des Affaires étrangères et d'écrire
« à l'Administration pour que, d'accord avec le
« Fetwahanéi Ali, elle élabore un projet de loi ».

L'Administration du cadastre, dans sa lettre
rapportée dans la décision du Conseil d'Etat, du
10 avril 1300, dont nous avons donné le texte au

chapitre V, constatait, de son côté, que, suivant la coutume en vigueur, les terres *émiriyés* et *mévkoufés* appartenant à un étranger ne pouvaient être dévolues par mutation à ses héritiers étrangers, d'une nationalité différente. Les *wakfs* à double redevance sont en tout assimilés à ces terres.

C'est donc à tort que MM. Padel et Steeg expriment l'idée que la jurisprudence a cessé d'appliquer l'empêchement de l'*ihtilafi dar* dans les rapports des étrangers de nationalité différente (*Législation foncière ottomane*, p. 179). Ce qui les a induit en erreur, c'est peut-être cette décision même du 10 avril 1310 du Conseil d'Etat. Nous avons vu qu'elle se fondait sur un tout autre motif : l'abolition en matière immobilière de cet empêchement en présence de la loi du 7 séfer. Cette opinion n'a pas prévalu et l'empêchement est plus que jamais maintenu.

Par contre, il faut admettre, comme nous l'avons déjà admis entre ottoman et étranger, que l'empêchement disparaît si les étrangers de différentes nationalités appartenaient à des Etats alliés. Un sujet français doit hériter d'un sujet russe et vice versa.

Dans leur note collective dont nous avons parlé à l'occasion des effets de la loi du 7 séfer les Missions étrangères s'élèvent surtout avec force contre l'empêchement entre deux étrangers de nationalité différente. Mais on pense généralement qu'elles admettront l'exclusion de l'étranger de la succession immobilière d'un sujet ottoman sans insister sur la réciprocité

V

Femme d'origine ottomane ayant contracté mariage avec un étranger

a) Peut-elle hériter de ses parents ottomans ?

b) Ses parents ottomans héritent-ils d'elle ?

Quid de ses héritiers de même nationalité qu'elle ?

Nous nous trouvons de nouveau en face d'une question qui a donné lieu aux solutions les plus contradictoires.

La difficulté provient de ce que, selon le Chériat, la femme d'origine ottomane, en contractant mariage avec un étranger, ne devient pas étrangère. Elle le devient selon la loi.

A. — Peut-elle hériter de ses parents ottomans ?

Oui, toutes les fois que la question sera posée devant les tribunaux du Chéri (Jurisprudence constante du Fétwahanéi Ali).

On distingue quelquefois si devant le tribunal elle se réclame de sa nationalité étrangère ou si elle s'y présente comme sujette ottomane.

Sur recours contre un jugement du tribunal du Chéri de Smyrne, le Médjlissi tedkikati chériyé s'exprime en ces termes :

« Attendu qu'en présence de la déclaration
« par laquelle cette dame, d'origine ottomane,
« persiste dans sa nationalité ottomane, le fait
« seul d'avoir conclu mariage avec un sujet
« hellène ne saurait, aux yeux du Chériat, cons-
« tituer un empêchement à recueillir la succes-
« sion, confirme... (Arrêt du 17 Djémazi ul ewel
« 1306, n° 289). »

L'offre de prouver que la femme ottomane devenue étrangère à la suite de son mariage, n'a pas persisté dans sa nationalité d'origine, n'est pas davantage prise en considération. Il en est surtout ainsi, lorsqu'elle se produit au dernier moment, laissant l'impression d'un argument de dernière heure.

« Attendu que le tribunal a déjà prononcé son
« jugement par lequel il déclare que le fait pour
« une femme ottomane d'avoir contracté mariage
« avec un sujet étranger n'entraîne pas, en Ché-
« riat, l'abandon de la nationalité ottomane et ne
« peut constituer, par conséquent, un empêche-
« ment à recueillir la succession ;

« Attendu que le défendeur, après ce juge-
« ment, allègue comme moyen nouveau que la
« demanderesse, après son mariage, aurait
« accepté, *de son plein gré*, la nationalité fran-
« çaise ;

« Attendu que ce moyen n'est pas recevable
« non plus » (Jugement du tribunal du Chéri
de Smyrne du 9 Rébi ul ewel 1323, n° 94. Mme Jus-
tine Athanassou, contre Hadji Andria Galinou.
Genre d'immeuble, jardin *moukataali*).

Non, si la question est posée au Conseil d'Etat
et au Conseil des ministres.

Nous avons, en premier lieu, le tezkéré grand
véziriel du 24 juillet 1291. Nous en avons donné
le texte. Puis vient le tezkéré grand véziriel rapporté par la circulaire du ministre de la Justice
du 26 mai 1303 (*Djéridéi Méhakim*, n° 430).

Voici le texte complet de la décision rapportée
fort succinctement dans cette circulaire :

« Le Conseil des ministres a examiné la déci-
« sion de la section législative, revisée par les
« sections réunies du Conseil d'Etat, relative aux
« immeubles d'une femme d'origine ottomane
« mariée à un étranger ou d'un sujet ottoman
« naturalisé étranger avec la permission du gou-
« vernement ottoman.

« Le Conseil d'Etat, conformément à l'opinion

« émise par les conseillers légistes, a décidé,
« que d'après une règle de droit international
« qui est observée par tous les Etats, la femme
« suit la condition de son mari. En vertu de cette
« règle, la femme d'origine ottomane devient
« étrangère en contractant mariage avec un
« étranger. Elle n'est pas tenue de demander la
« permission au gouvernement ottoman.

« Mais pour les immeubles qui lui appartien-
« nent, elle ne peut pas prétendre à un traite-
« ment de faveur, ni pour l'exercice de son droit
« de propriété, ni en matière de succession. Par
« conséquent :

« En ce qui concerne ses immeubles, ce sont
« les dispositions de la loi du 7 séfer qui devien-
« nent applicables.

« Pour ce qui est de la succession, les dispo-
« sitions à appliquer sont celles du tezkéré grand
« véziriel inséré dans le volume IV du Dustour
« excluant de la succession et de la mutation d'un
« sujet ottoman ses enfants et ses parents de
« nationalité étrangère.

« Le Conseil des ministres a adopté cette solu-
« tion. »

Ce qui revient à dire :

1° Que si la femme d'origine ottomane épouse
un étranger relevant d'un Etat, qui n'a pas signé

le protocole de la loi du 7 séfer, ses immeubles tombent en déshérence;

2° Que la femme ottomane devenue étrangère par suite de son mariage est exclue de toute la succession immobilière de ses parents ottomans quelle que soit la nature des immeubles, *mulks* terres ou *wakfs*.

Dans une espèce où la femme d'origine ottomane avait contracté mariage avant la promulgation de la loi sur la nationalité, elle fut considérée, selon l'avis émis par les conseillers légistes de la Sublime Porte, comme n'ayant pas perdu sa nationalité ottomane, conformément au droit antérieur, celui du Chériat, et parce qu'on ne devait pas faire produire à cette loi un effet rétroactif. La commission ministérielle qui s'en occupa estima qu'elle ne devait pas être exclue de la succession de ses parents ottomans. Cette décision fut approuvée par Iradé Impérial et recommandée, comme devant former la règle à suivre dans les cas analogues (Lettre grand vézirielle à l'Administration du cadastre en date du 4 octobre 1319, n° 292, à propos de la dame russe Mouradoff).

Cette solution ne saurait être juridique qu'autant que la femme d'origine ottomane eût continué à habiter le territoire ottoman. C'était le cas pour la personne en cause. Il en aurait été autrement si elle avait quitté l'Empire ottoman pour se fixer en pays étranger. Même sous le régime du droit antérieur, cela équivalait à l'abandon de la nationalité. Il est certain que dans ce cas elle devait être exclue de la succession immobilière de ses parents ottomans.

B. — Ses héritiers ottomans héritent-ils d'elle ? *Quid* de ses héritiers étrangers de même nationalité qu'elle, par exemple : son mari et ses enfants ?

Oui, si la question est posée devant les tribunaux du Chéri.

Selon le Chériat, aucun doute que les héritiers ottomans, et *les héritiers ottomans seuls*, héritent de la femme ottomane ayant contracté mariage avec un étranger, puisque celle ci continue à rester ottomane en dépit de son mariage. Son mari, ses enfants, nécessairement étrangers, restent exclus. Voici, au surplus, dans quels termes s'exprime le Fétwahanéi Ali :

« D'après les prescriptions du Chériat, aussi
« longtemps que la femme non musulmane,
« sujette ottomane, n'abandonne pas expressé-
« ment sa nationalité et n'accomplit pas les for-
« malités exigées par la loi à cet égard, elle ne

« peut pas être considérée comme devenue étran-
« gère sur le seul fait d'avoir contracté mariage
« avec un étranger. En matière de succession.
« aussi bien que dans tous ses autres rapports
« de droit, elle conserve ses liens (1) avec les
« personnes qui ont sa nationalité d'origine. A
« l'égard des personnes qui ne possèdent pas
« cette nationalité, elle est privée du droit de
« succession, *même s'il y a entre eux le lien du*
« *mariage* (2) et ceci est réciproque. »

Nous avons détaché ce passage de la décision du Conseil d'Etat sur lequel est intervenue la circulaire de 1309 parue dans le *Djéridéi Méha kim*, n° 644, et dont nous donnons le texte plus loin.

La chambre civile de la Cour de cassation, par un arrêt du 10 mai 1317 (cité par Haïdar effendi, *Cherhi djédid el kanouni érazi*, p. 483) statuant par voie incidente, a persisté à consi-dérer la femme d'origine ottomane mariée avec un étranger comme n'ayant pas perdu sa qua-lité de sujette ottomane. Elle a, par conséquent, exclu les enfants de celle-ci, naturellement

---

(1) Le Fétwahanéi Ali entend par là les liens du *vélayet*.

(2) Ce dernier paragraphe semble indiquer que le Fétwa-hanéi Ali ne partage pas l'opinion des juristes musulmans qui enseignent qu'en Chériat, la femme étrangère devenait *zimmiyé* « sujette non musulmane » en contractant mariage avec un *zimmi* « sujet non musulman ».

7

sujets étrangers, de la mutation des terres et des immeubles *wakfs* appartenant à leur mère pour les attribuer à ses frères, sujets ottomans.

La Cour de cassation a fait ici une exacte application des dispositions du Chériat concernant l'*ihtilafi dar*. Mais, sur la question de nationalité, l'arrêt ne nous paraît pas à l'abri de tout reproche. Les tribunaux du Chéri ignorent la loi sur la nationalité ottomane. Il leur est loisible d'admettre que la femme d'origine ottomane, en dépit de son mariage avec un étranger, conserve sa nationalité d'origine. Il n'en est pas de même pour la Cour de cassation qui est à la tête des tribunaux *nizamiyés* établis en vertu des lois et tenus à les observer.

Oui, si la question se pose devant le Conseil d'Etat.

Aux yeux du Conseil d'Etat et du Conseil des ministres, elle est devenue, par suite de son mariage, sujette étrangère. Dès lors, ses héritiers, de même nationalité étrangère, héritent d'elle mais, *concurremment avec les héritiers ottomans*, d'après une jurisprudence que nous avons déjà rapportée (chap. VI, § 3).

Cependant, une décision du Conseil d'Etat, rapportée dans la circulaire du ministère de la

Justice du 10 avril 1309, dit expressément que l'*empêchement est réciproque*, ce qui équivaut, tacitement du moins, à exclure les héritiers ottomans de la succession. C'est, d'ailleurs, le seul document administratif à notre connaissance où cette réciprocité est admise. Le dispositif seul de cette décision a paru dans la circulaire ministérielle (*Djéridéi Méhakim*, n° 699).

En voici le texte *in extenso* :

« La dame Eranouhi, d'origine ottomane,
« mariée avec un sujet ottoman, remariée en-
« suite avec un sujet italien, a acquis la natio-
« nalité italienne. Elle est décédée dans cette
« nationalité en laissant deux filles sujettes otto-
« manes, issues de son premier mariage. Le
« ministre de l'Ewkaf demande si celles ci peu-
« vent recueillir les immeubles appartenant à
« leur mère.

« La dame Calliopi, d'origine ottomane, après
« avoir contracté mariage avec un Hellène, est
« décédée sans laisser d'enfants ni des ascen-
« dants. Les frères et sœurs demandent que ses
« immeubles leur soient *intégralement* dévolus à
« l'exclusion du mari. »

Le Fétwahanéi Ali a exprimé l'avis suivant (rapporté à la p. 96) :

« La section législative du Conseil d'Etat a
« rendu la décision suivante :

« En vertu de la loi sur la nationalité otto-
« mane, la femme d'origine ottomane, à partir
« du jour de son mariage avec un étranger, est
« considérée comme sujette étrangère.

« Ce qui intéresse surtout le Fetwahanéi Ali
« c'est la question de savoir, si, par suite du
« mariage elle a, oui ou non, abandonné régu-
« lièrement sa nationalité d'origine. Sa préten-
« tion de l avoir conservée, en dépit du mariage
« contracté, ne saurait être accueillie. Sinon, on
« devrait admettre également celle de la femme
« étrangère de n'avoir pas perdu sa qualité
« d'étrangère, malgré le mariage contracté avec
« un ottoman, *ce qui entraînerait l'exclusion de
« son mari et de ses enfants ottomans de sa succes-
« sion.* C'est là une conséquence qui ne se conci-
« lie guère avec les intérêts du pays. Pour ces
« motifs, la femme ottomane mariée avec un
« étranger doit être réputée avoir régulièrement
« abandonné sa nationalité ottomane. C'est sur
« cette base qu'on doit régler les mutations et
« les successions immobilières, en tenant compte
« de la prescription du Chériat qui reste toujours
« en vigueur, selon laquelle *les personnes qui ne
« sont pas de la même nationalité sont « réciproque-
« ment » privées de leurs droits.* »

Cette décision pose en principe :

I. — Que la femme d'origine ottomane devient

ipso facto sujette étrangère par suite de son mariage avec un étranger. Le consentement du gouvernement impérial n'est point requis ;

II. — Les successions immobilières ainsi que les mutations doivent être réglées sur cette base ; c'est-à-dire conformément à la règle du Chériat qui veut que deux personnes de nationalités différentes ne puissent *réciproquement* recueillir par succession. Ce dernier paragraphe semble bien signifier que les héritiers ottomans doivent être exclus, contrairement à la jurisprudence et à la pratique administratives qui les admettaient concuremment avec les héritiers étrangers.

VI

Femme d'origine étrangère mariée avec un sujet ottoman.

a) Peut-elle hériter de ses parents étrangers ?

b) Ses parents étrangers héritent-ils d'elle ? *Quid* de son mari et de ses enfants sujets ottomans ?

A. — Peut-elle hériter de ses parents étrangers ?

Certainement, selon le Chériat, du moment

que le mariage n'influe pas sur la nationalité, et qu'elle conserve sa nationalité d'origine. (Jugement du tribunal du Chéri de Tékir-Dagh (Rodosto) du 10 Chaban 1319, admettant les filles du sujet austro-hongrois Agopovich, mariées à des sujets ottomans, à recueillir concurremment avec leurs frères, sujets austro-hongrois, la succession immobilière de leur père, consistant en terres *mulks* et immeubles *wakfs*). Un premier jugement du 12 Zilkadé 1317, du même tribunal, statuant en sens contraire, avait été cassé par le Fétwahanéi Ali à la date du 23 Zilhidjé 1317.

Notons en passant que la succession mobilière du *de cujus* austro-hongrois fut partagée entre ses héritiers sans distinction de sujétion conformément à un arrêt de la Cour d'appel consulaire de Constantinople, rendu dans cette affaire (Note verbale de l'Ambassade austro-hongroise au ministère des Affaires étrangères en date du 28 mai 1899 et sub. n° 722/48).

Dans une autre espèce, le Chéik ul Islamat a communiqué au tribunal du Chéri de Jaffa, à la date du 23 Mouharrem 1348, n° 130, une décision du Médjlissi tedkikati chériyé, suivant laquelle le mariage avec un ottoman de la femme d'origine étrangère ne constituait pas un empêchement à succéder à son père étranger.

Oui, aussi suivant la jurisprudence administrative, qui fait toujours succéder l'ottoman à
l'étranger et ne veut pas reconnaître la réciprocité de l'empêchement.

B. — Ses parents étrangers héritent-ils
d'elle ?

Aucun doute, répondent les tribunaux du
Chéri, toujours parce qu'il y a unité de nationalité. La divergence n'existe que vis-à-vis de ses
parents de nationalité ottomane, par exemple
mari et enfants. Ils ne peuvent succéder à la
femme demeurée étrangère.

Non, répliquent le Conseil d'Etat et le Conseil
des ministres. La nationalité ottomane de la
femme étrangère par suite de son mariage avec
un ottoman est parfaite. Dès lors, son mari et
ses enfants ottomans héritent seuls et excluent
les autres héritiers appartenant à la nationalité
d'origine de la femme. (Opinion du Conseil
d'Etat émise dans la décision rapportée à la
page 100).

VII

Femme étrangère mariée avec un étranger d'une nationalité différente

a) Hérite-t-elle de ses parents ayant sa nationalité d'origine ?

b) Ses parents ayant sa nationalité d'origine héritent-ils d'elle ? *Quid* de ses héritiers ottomans ?

A. — Aux yeux des tribunaux du Chéri, conservant sa nationalité, elle doit hériter de ses parents de même nationalité. (Jurisprudence constante).

Le tribunal du Chéri de Smyrne avait prononcé l'exclusion de la femme d'origine française mariée avec un hollandais, de la succession immobilière *mulk* et *wakf* de son père, français, au profit de deux petites filles françaises du *de cujus* (Jugement du 8 Séfer 1312. Narik contre Coulon). Ce jugement a été cassé par le Fétwahanéi Ali par arrêt du 11 Mouharrem 1313.

Mais le tribunal de Chéri de Cartal s'est récemment prononcé dans un sens opposé et ce jugement a été confirmé par le Fetwahanéi Ali et le Médjlissi tedkikati chériyé (Jugement et arrêts cités, p. 85, 86).

Suivant la jurisprudence du Conseil d'Etat, elle ne pourrait pas leur succéder. (Décision du Conseil d'Etat rapportée, p. 86).

B. — Si elle venait à décéder, les héritiers de sa nationalité acquise, tels que mari et enfants, seraient, suivant le Chériat, exclus de sa succession, de même que ses héritiers de nationalité ottomane, au profit des héritiers ayant sa nationalité d'origine, tels que les ascendants et autres.

Selon la jurisprudence du Conseil d'Etat, ce seront les héritiers de sa nationalité acquise, concurremment avec les héritiers ottomans, qui pourront seuls être admis à la succession et à la mutation.

VIII

Solution des conflits

Devant la situation sans issue créée par les jugements des tribunaux du Chéri, d'une part, et les décisions du Conseil d'Etat, de l'autre, on a été amené à rechercher les moyens d'assurer

que l'application de l'empêchement pour divergence de nationalité se fasse dans l'avenir d'une
façon uniforme.

Il y a quelques mois la section civile du Conseil d'Etat a indiqué, dans un mazbata, les solutions qui devaient prévaloir et être toujours sui-
vies, bien entendu, en matière immobilière et
qu'elle que fût le genre de l'immeuble. Voici les
solutions qu'elle recommande.

1° L'étranger n'hérite pas du sujet ottoman.

2° L'héritier ottoman n'est pas exclu de la succession de l'étranger. Il concourt avec les héritiers étrangers.

3° Les personnes de nationalités différentes
peuvent hériter les unes des autres.

Le Conseil des ministres n'a pas encore statué.
La décision qu'il rendra sera soumise à la sanction souveraine.

On élabore donc, en réalité, une loi modifica-
tive du droit existant, encore qu'on ne veuille
désigner sous le nom de loi l'œuvre entreprise.

Il est incontestable qu'on déroge aux prescriptions du Chériat et cela même dans les immeubles *mulks* et *moukataali* dont la succession se
trouve réglée par le *féraïz*.

Nous ne voyons pas trop comment on mettra
fin aux conflits. Les tribunaux du Chéri conti-
nueront à appliquer les strictes solutions du Ché-

riat comme par le passé et les jugements régulièrement rendus resteront sans exécution, ce qui serait fort regrettable.

Irait-on jusqu'à enlever à ces tribunaux la connaissance des successions immobilières ? C'est là une mesure extrême.

D'autre part, on a fini par reconnaître au Fétwahanéi Ali l'opportunité de s'en référer désormais au ministère des Affaires étrangères sur les questions de nationalité quelles qu'elles soient et de ne pas continuer à appliquer les règles du Chériat dans une matière qui est aujourd'hui du domaine exclusif de la loi. Il en résulte que la naturalisation par mariage produira désormais ses effets en matière de succession. Le jugement du tribunal de Chéri de Cartal et les arrêts confirmatifs paraissent être la manifestation de cet esprit nouveau.

Même au cas où les solutions auxquelles s'arrêtera le Conseil des ministres seraient approuvées par l'Iradé Impérial et constitueraient les règles à suivre, les différends surgis jusqu'au jour de leur promulgation devront, à notre avis, être tranchés d'après les prescriptions du Chériat seul, sauf, bien entendu, les questions incidentes de nationalité auxquelles les dispositions de la loi sur la nationalité ottomane étaient de tout temps applicables.

CHAPITRE VII

Nous donnons dans le tableau ci-dessous les conditions dans lesquelles, dans les autres pays, les héritiers d'une nationalité étrangère succèdent aux nationaux.

1⁰ *Capacité sans restriction aucune.* — Pays où les étrangers succèdent absolument de la même manière que les nationaux : la Grande-Bretagne, l'Italie, l'Espagne, le Danemark, le Portugal, la Suisse, les cantons de Neufchâtel, de Lucerne, l'Etat du Congo, quelques Etats de la République américaine, la République Argentine, le Canada, le Brésil, la Grèce, le Mexique, sauf pour ce dernier en ce qui concerne l'acquisition immobilière le long des frontières et sur les côtes, qui reste subordonnée à l'agrément du pouvoir exécutif.

2⁰ *Capacité, mais avec dédommagement si les nationaux sont lésés.* — Pays où la capacité de l'héritier étranger est combinée avec le principe du dédommagement contre les dispositions privatives de l'Etat auquel appartient l'étranger envers les personnes d'une nationalité différente : la France, loi de 1819, la Belgique, loi de 1865, le Grand-Duché de Bade, loi du 4 juin 1864, l'Alsace-Lorraine, la loi française de 1819, la Hollande, loi du 7 avril 1869, le Chili, Code civil, art. 997-998, la Colombie, Code civil, art. 1054.

3° *Traités.*— Pays où la capacité de l'étranger en matière de succession n'est reconnue que suivant les traités : la Prusse rhénane, le Luxembourg, la Suisse, le canton de Genève, Code civil, art. 8, 582, 769, l'Etat américain de Virginie, la Serbie, Code civil, art. 423.

4° *Réciprocité.* — Pays où la capacité de l'étranger est reconnue à la condition que l'Etat dont il relève permet à l'étranger d'y succéder : la Prusse, Code prussien, art. 43 et 45, sauf s'il obtient une autorisation locale, art. 4, le Pérou, Code civil, art. 635, les cantons suisses de Tessin, Code civil, art. 9, Saint-Gall, l'Autriche-Hongrie.

La Finlande, à la condition toutefois que l'étranger justifie de son droit dans l'année et le jour suivant du décès et qu'il n'emporte les biens recueillis hors du pays avant d'en avoir payé le sixième aux Souverain, Code de 1734.

5° *Capacité conciliée avec l'interdiction de faire des acquisitions immobilières.*— Pays où l'acquisition d'immeubles étant interdite aux étrangers, le droit de

recueillir par succession une propriété immobilière
est soumis à l'obligation de s'en défaire soit immédia-
tement, soit dans un certain délai et à n'en garder que
le prix : la Russie, gouvernements situés sur la fron-
tière de la Pologne, certains États de la République
américaine, le Wurtemberg, Code civil, article 2, la
Saxe, Code civil, art. 20, la Norvège, la Suède, la
Roumanie.

6° *Incapacité*. — Empire ottoman, certains États de
de la République américaine où existe le droit d'aubaine. Le fisc y recueille la part revenant à l'étranger
exclu.

FIN

TABLE DES MATIÈRES

CHAPITRE PREMIER

PRÉLIMINAIRES

CHAPITRE II

LA NATIONALITÉ SELON LE CHÉRIAT

CHAPITRE III

LA NATIONALITÉ SUIVANT LA LOI

CHAPITRE IV

FONDEMENT JURIDIQUE DE L'EMPÊCHEMENT DE RECUEILLIR LA SUCCESSION POUR « IHTILAFI DAR »

CHAPITRE V

LES EFFETS DE LA LOI DU 7 SÉFER

CHAPITRE VI

COMMENT CET EMPÊCHEMENT EST APPLIQUÉ

CHAPITRE VII

DROIT COMPARÉ

LAVAL. — IMPRIMERIE L. BARNÉOUD ET Cⁱᵉ.

www.ingramcontent.com/pod-product-compliance
Ingram Content Group UK Ltd.
Pitfield, Milton Keynes, MK11 3LW, UK
UKHW020214130726
13696UKWH00002B/908

9 782019 236120